„Warum wachst Du? Einer muß wachen, heißt es. Einer muß dasein."

Franz Kafka

Stephan Damian Berens erzählt in seinem Buch „ Die große Transformation", von der Suche eines jeden Menschen nach Erlösung und dem Wunsch endlich nach Hause zu kommen.
Es scheint, als sei es möglich das zu bewerkstelligen. Anscheinend mit Hilfe des sogenannten „Wächters". Der Wächter, der nicht weiter bestimmt wird, ist eine Schlüsselfigur des Buches. Ob es sich hierbei um einen Guru, den Welterlöser oder nur einen weisen Erleuchteten handelt bleibt offen.
Hoffnung und Vertrauen auf diesen Wächter wandeln sich in Abkehr und Skepsis. Im dritten Teil des Buches folgen dann mit den „Astrophysikalischen Chiffren" Überlegungen zum Sein und Bewußtsein im Rahmen des Universums.
Dass der Wächter gut ist, und hilfreich wird zwar auch dann nicht bezweifelt, aber gegen Ende kommt Damian Berens zurück zu einer gewissen Autonomie in der Frage der Erlösung.
Sisiphos erfüllt seinen Plan und zum Schluss entscheidet er selbst, wie es weiter gehen soll und damit hat er die entscheidende Wahl, die er sonst niemals hatte.
Es wird ein neuer Sinn gefunden auf dem Weg der Dualität, die nicht von Dauer sein kann. Die Variablen „Ewigkeit", „Nichts" und „Bewußtheit"

sorgen dafür, dass am Ende, alles das möglich wird, wovon ein Mensch jemals geträumt hat.

Damian Berens hat eine persönliche Todesversicherung gefunden, die er hier noch allen Lesern mit auf den Weg geben will.
1.Nichts ist nicht erfahrbar 2. Weil wenn Etwas es wahrnehmen würde wäre es per Definitionem kein Nichts mehr. 3. Möglich ist die Auflösung unseres Bewußtseins ins Nichts (z.B. „Tod" oder traumloser Schlaf oder Vollnarkose) 4. Da aber niemals der Zustand erreicht werden kann in dem das Nichts erfahrbar ist, braucht man sich auch nicht davor zu ängstigen, weil er niemals eintreten kann. ERGO: selbst wenn 3) passiert wirst Du/ ich den Zustand niemals wahrnehmen können.

06.07.2006

Damian Berens

Die große Transformation

Wege zu einer neuen Welt

Inhalt

Herstellung und Verlag:
Books on Demand GmbH, Norderstedt
ISBN 978-3-8391-2391-1

Alles und jedes geht diesen Weg. In der Ferne ruft das Ziel. Unerreicht und doch unabdingbar.
Allen und allem gewidmet auf dem Weg nach Hause.

Damian Berens

13.01.2005 / 24.02.2006

I. Teil

Hoffnung: Sisiphos auf dem Weg nach
Hause

1.

Man denke zuerst darüber nach, was man der Welt noch mitzuteilen hat. Ob nicht alles schon gesagt worden ist? Ob nicht das, was ich jetzt noch zu sagen habe, doch nicht längst schon so erklungen ist?
Ehrlich gesagt, habe ich keine oder keinen neuen Gedanken gefunden und doch treibt mich die Sendung zu diesem Schriftstück. Wer sich auf diesen Weg begibt, muss sich auf den Weg des Staunens begeben und aushalten was auszuhalten ist. Es ist der alte Weg der Transformation. Es wird ein langer und vielleicht auch entscheidender Weg aber einmal muss es beginnen.

2.

Also kein neuer Gedanke. Vielleicht der Gedanke,
dass wir alle nach Hause finden werden. Aber ist das
neu? Sowieso kann nichts Neues geboren werden,
denn alles ist gedacht, seitdem wir geworden sind.
Wieso auch sollte man dem Geborenen einen
Namen geben, wenn doch der Name schon im
voraus feststand? Das Geschick irgendwie zu
beeinflußen, das dachte man doch, dass man das
könnte...und was ist geworden? Viele Rechnungen
sind entstanden, weil man zu sogenannten
Astrologen gegangen ist und sich hat beraten lassen
und dann? Die Frage nach Freiheit und
Notwendigkeit regt schon lang die Gemüter der
Menschen. Doch man konnte keine Antwort finden,
nur, dass die Freiheit in der Notwendigkeit zu finden
sei. Das ist natürlich eine schellingsche
Spitzfindigkeit, doch zuletzt erfüllen wir nur einen
Plan, der so schon vor 300 Millionen Jahren
ausgemachte Sache war. Warum also regen wir uns
auf? Alles kommt ja doch so, wie es kommen muss.
Und wenn man die Ewigkeit braucht um nach Hause
zu kommen, dann eben. Was macht das schon aus,
wenn ein Endliches gegen ein Unendliches
ankämpft, wenn doch der Himmel garantiert ist? Wir
alle werden uns wiedersehen in einem
Niemandsland, in einem Land wo Milch und Honig
fließt, ja wir werden alle nach Hause kommen.
Wirklich. Wir sind Geborenes und Seiendes von
Anbeginn und weil sich an der ganzen Energie auch

kein Jota ändert, wird auch niemand verloren gehen können. Sicher wird man vielleicht mal 10 000 Jahre oder länger, einfach so zu Spaß der Götter auf einem Stuhl sitzen müssen, aber auch das ist machbar. Sisiphos wird den Stein hochrollen und wird ihn nicht wieder runterschießen müssen. Nein, er wird ausbrechen und endlich seinen Frieden haben. Das ist doch toll oder? Wir werden zu einem Schluss kommen, jeder und jedes. Weil dem sicher ist, ist alles im Lot, selbst das, was uns Sorgen macht, wird für die Zeit kein Problem sein.
Der Zyklus wird beendet werden und wir sind die Sieger.

3.

Na ja, von Siegen kann man eigentlich nicht sprechen. Vielleicht aber doch. Denn es ist der Sieg über uns selbst, über uns und unser Leben. Das wird uns, jedem einzelnen von uns gewährt. Dachte man alles drehe sich Kreise, alles sei verdammt zu ewigen Wiederkehr, so ist doch jetzt Hoffnung da, dass Sisiphos seiner Arbeit ein Ende bereitet. Das ist der Sieg des Lebens und der Liebe. Nur wer zuletzt das Leben bejaht und den Weg der Liebe geht, wird das Rad durchbrechen können. Man wird dann das Ganze aus höheren Instanzen betrachten können und wird Abstand gewinnen und sich selbst anderen Aufgaben widmen. Vielleicht solchen zu helfen, die sich noch drehen im scheinbar endlosen Rad des Lebens. Jeder will sich ja bekanntlich nützlich machen. Und auch dort. Der ewige Kapitalmarkt ruft nach Geltung. Doch es wird für pure Kapitalisten keinen Platz mehr geben, ebensowenig wie für die argen Kommunisten. Es wird ein Erleben und ein Fühlen sein, wie man es nicht in Worte zu kleiden vermag. Zuletzt war doch dieses eine Geschöpf unser Schicksal. Es bestimmte unser Werden und unseren Siegeszug über das Leben. Vorahnungen werden laut, Segen wird sichtbar, Klang macht sich breit; der Weg wird vollzogen. Und plötzlich macht es gar nichts mehr aus, ob wir erfolgreich sein werden oder reich werden sollen. Nein, es zählt nur der Weg nach Hause. Dafür würden wir alles geben und geben auch alles. Der Sieg des Sisiphos ist der einzelne Sieg des Menschen über sich selbst. Und damit wären wir wieder in gnostischen Gefilden. Trotzdem braucht der Mensch einen Mittler. Jemand, der ihm hilft den Stein den Berg raufzurollen und der ihm dann irgendwann in einer Zeit bestimmt, diesen nicht wieder runterpurzeln lassen zu müssen. Segnungen werden dem Menschen teilhaftig werden in dieser seiner letzten Zeit und er wird den Weg nach Hause endlich, endgültig antreten.

4.

Den Weg nach Hause treten viele an. Alle treten ihn an. Seit Anbginn. Manche jedoch meinen sie seien schon auf dem endgültigen Weg; sie hoffen auf das Paradies. Natürlich meine ich die Terroristen. Zweifellos nämlich leben wir in einem Zeitalter des Terrorismus. Die alte Welt in der wir groß geworden sind, mit den guten Amis und den bösen Russen ist längst Vergangenheit. Die Menschen haben latent

Angst vor der Bombe, die überall explodieren kann. In der Bahn, auf dem Weg durch den Supermarkt, im Flieger oder sonstwo. Die Terroristen kämpfen für eine gerechtere Welt und hoffen auf ihr Paradies im Jenseits. Das ist eine nie dagewesene Bedrohung. Menschen, die bereit sind, sich selbst zu opfern und sich in die Luft sprengen. Aber es ist ganz und gar ausgeschlossen, dass sie für ihre Untaten im Jenseits auch noch belohnt werden. Höchstens das Konto ihrer Hinterbliebenen wird sich eventuell füllen und so starben sie zumindest aus sozialen Zwecken. Sicher ist, dass die Welt ungerecht ist. Es wird behauptet, dass ein paar Familien das Weltvermögen besitzen und sich die Hände reiben, wo nichts zu reiben ist. Denn, was wäre der Nutzen für sie und diese sogenannten Illuminati? Wir wissen auch, dass dieser sehr reiche Herr Bin Laden als Einzelperson den Vereinigten Staaten den Krieg erklärt hat. Es ist die alte, uralte Geschichte, David gegen Goliath. Und wie sie ausgegangen ist, das wissen wir auch alle. Sicher ist natürlich auch, dass die Zukunft zuletzt ungewiß ist.

Die Welt aber ist sehr beeindruckt von diesem Herrn Bin Laden und sie ist zugleich beunruhigt, ob der Möglichkeit des internationalen Terrors. Und die Staatengemeinschaft geht das Problem vereint an. Schuldenerlaß für die Dritte Welt Länder, eine bessere Ausbildung und Versorgung würden das Problem des Terrrors an der Wurzel packen. Das aber nimmt man noch nicht genügend zur Kenntnis.

5.

Der Terror zieht also seine Bahnen. Wenn Sie mich fragen würden, ein letztes Aufbegehren alter Kräfte, die sich gegen das Gute und die Wahrheit verschwört haben. Schon bald wird der Welt ein Licht aufgehen. Der Kampf der Welten hat längst begonnen. Er tobt bereits in vollem Ausmaß in den Traumwelten der Menschen. Die luziferischen Kräfte meinen, sie könnten den Kampf noch gewinnen. Ein letztes Aufbegehren bevor alles doch den Weg nach Hause antritt.

6.

Gut zu wissen, dass wir alleine sind. Sind wir alleine? Grade landet eine Sonde auf einem Jupitermond und bringt hoffentlich neue Erkenntnisse. Was macht es schon, ob wir alleine sind, oder zu mehreren? Wahrscheinlich können wir die Nachbarn aufgrund unser noch zu primitiven Techniken so schnell jedenfalls nicht erreichen. Anscheinend wurde die ganze Sache von einer höheren Intelligenz so inszeniert. Ich denke in Zukunft wird man andere Planeten bewohnen, aber das kann noch Jahrhunderte dauern oder aber sehr schnell gehen. Ich werde es in meiner Lebenszeit mit Freude beobachten, denn jeder hat schon mal davon geträumt ein Astronaut zu sein.

Wie wundervoll wäre es allein, einmal auf dem Mond leben zu dürfen?
Aber im Grunde macht sich da keiner Hoffnungen.
Der Weltraumtourismus hat zwar schon begonnen, aber die Tickets sind zu teuer, und nur für die Superreichen erträglich, und selbst für die schon nicht so leicht bezahlbar.
Sicher sind wir nicht alleine... aber das zu begreifen würde die Menschheit noch schocken. Später einmal wird es als ganz natürlich angesehen werden. Der Prozess der Entzentrierung, der mit der Entdeckung Amerikas oder dem Thesenanschlags Luthers in Wittenberg begonnen hat, zieht noch immer seine Bahnen und ist noch längst nicht abgeschlossen.
Viele Science Fiktion Filme zeigen bereits, wie es sein könnte und wo sich die ganze Sache hinentwickeln könnte.
Und weil die Science Fiktion Autoren sich zwar bekanntlich soetwas ausdenken, kann es ja trotzdem so sein, wie sie es erfinden oder geringfügig anders.
Da sie ja ihre Phantasie benutzen und alles aus dem puren Potential geboren wird, ist zu vermuten, dass an ihren Ausführungen doch etwas Wahres dran sein sollte.

7.

Kommen wir zur Sache der Gerechtigkeit. Wir alle wollen doch nur einmal ankommen und darauf haben wir auch ein gutes Recht. Grade betrog ich meine Oma um 50 Euro. Und schon musste ich dafür bezahlen in Form eines Strafzettels beim

Parken. Da sieht man mal wieder, dass sich Diebstahl und Betrug ganz und gar nicht auszahlt. Ehrlich währt am Längsten. Und es stimmt nicht, dass die Ehrlichen die Dummen sind oder dass der Ehrliche der Dumme ist. Kurzfristig gesehen schon, aber längerfristig betrachtet siegt einfach die Wahrheit. Man muss nämlich seine Lügen teuer bezahlen. Und man kann froh sein, dass man sie bezahlen darf, denn wenn man sie lange und sehr lange nicht bezahlt, dann kommt auf einmal die große Rechnung in welcher Form auch immer. Deshalb wird Ehrlichkeit immer von Vorteil sein. Vor Gericht dagegen siegt nicht immer die Wahrheit und schon gar nicht die Gerechtigkeit. Das weiß jedes Kind und vor Gericht ist es immer klüger zu taktieren und die ganze Wahrheit zu verschweigen. Wenn auch da letztendlich der Grundsatz gilt, dass die Wahrheit sich ihren Weg bahnen wird. Aber vor Gericht kommt man mit der Wahrheit meistens nicht sehr weit. Das könnte man als Widerspruch zum Weg der Wahrheit ansehen und als Bestätigung des „Der Ehrliche ist der Dumme" ansehen, aber zuletzt siegt immer das Gute und das ist die Wahrheit. Wenn man Unrecht erfährt, dann ist das eben Teil einer Lektion, die man zu lernen hat. Und was macht das aus, wenn man doch die Unendlichkeit für die Gerechtigkeit und die Wahrheit Zeit hat? Gegen die Unendlichkeit läuft nämlich alles gegen Null. Wir werden die großen Nullen sein, am Ende unserer Tage. Die Nullen werden gebraucht und wer das versteht ist schon ein Stückchen weiter als die meisten Anderen. Große Menschen sind nämlich der Null sehr nah. Weil sie sich schon tausend Leben abgekämpft haben und nun nur noch den Plan eines Höheren erfüllen. Und dann siegt die Gerechtigkeit und das Leben nimmt seinen Platz in der ganzen Sache ein. Die Nullen münden in ihr Omega und erreichen die Nullinie. Und das macht ihnen ersichtlichen und erheblichen Spaß. Es ist soetwas wie die Rache der Jahrtausende. Aber es macht nichts mehr und von Rache kann eigentlich gar keine Rede sein. Es ist eben nur soetwas wie eine Genugtuung. Ein Sieg der Sache und des Lebens. Ein Ankommen für jemanden, der niemals ankommen kann. Ein Menschsein, wo doch immer nur der Mensch im Hintergrund steht und man für eine höhere Sache sein Leben gibt. Eben ein Wahrhaftiges, etwas Seltsames. Ein Kunstwerk, das nach mehr strebt. Es wird bewundert und man spürt die Macht dieser Menschen. Ein Fortissimo an Gerechtigkeit macht sich breit und der Mensch kann seinen Weg nach Hause antreten.

8.

Wie lange lebte man als irgendwas, was keinen Spaß machte und was einem nicht zusagte? Man dachte, dass man etwas besseres verdient hätte und doch wußte man, dass die Zeit noch nicht da war. Man war Verkäufer und Frittenbudenanwärter, man war Büromann und Hausfrau und man war der Mann der für alles da war. Eigentlich schlimm. Abstoßend und niedrig. Aber man musste diesen Weg gehen, denn es gab keinen anderen und man lebte für die Liebe. Die Liebe begegnet einem jetzt in aller Kraft und neu. Diesmal wird man nichts als den Weg der

Liebe gehen. Und man spricht: weil ich den Weg der absoluten Liebe gehe wird es mir niemals an irgendetwas mangeln! Man hat genug und nichts Überflüssiges. Lange wartete man auf diesen Tag. Auf den Tag an dem man seine Kunst leben konnte. Auf den Tag an dem man kompromisslos seinen Weg gehen durfte. Das ist der Tag, den Gott gemacht und wir leben die Freude und den Gesang des Höheren. Endlich ist Land in Sicht und wir werden den Weg des Ewigen gehen dürfen. Endlich. Wieviele Male hatten wir uns gefragt, wieso wir uns das antun mussten und dann das noch und das noch? Wieso, wieso, wieso?

Nein, wir waren es wert und zu jeder Zeit hatten wir all das verdient, was wir verdient hatten. Und es wäre zu jeder Zeit möglich gewesen das Unmögliche doch möglich werden zu lassen. Aber es fehlte uns der Glaube für die eigentliche Wahrheit unser aller Leben. Und so wurden wir wieder und wieder. Bis wir eines Tages auf die Wahrheit stießen und wir das Urteilen den höheren Welten überließen. Bis wir uns entschlossen jetzt endlich für eine Sache zu leben, die ganz unserem Selbst unserem höheren Selbst entsprach. Die ganz und gar unserem universellen Plan entsprechen würde. Und das war Liebe, nichts als Liebe. Der Weg war gemacht und wir bereit für die Ewigkeit. Bereit für den Heimweg.

9.

Was aber wenn sich der Weg gegen uns
verschwört? Wenn man nicht mehr will und seinem
Leben selbst ein Ende bereiten möchte? Man will die
Depressionen ablegen aber sie kommen wieder und
rufen stets das eigene Verlöschen als Wunsch in
einem auf...
Eigentlich ist Depression gegen sich selbst
gerichtete Aggression. Man hat nur keinen Mut mehr
die Aggressionen gegen die Welt raus zu lassen und
möchte als Trugschluss seiner Selbst, dem eigenen
Ego ein Nichts sichern. Nur, man denke, was wenn
es klappen sollte? Was wenn der eigene Todestrieb
einen Sieg erringen sollte? Bist du dann all dein
Leiden los? Oder bist du dann erst richtig im
Schlamassel? Man denke an die Herren der Herren,
die das Selbsttöten so nicht mögen sollen...also
was?
Besser ist es sicher, sich dem Leben zu stellen.
Denn es bietet eine Vielzahl von Möglichkeiten.
Immer. Nur, in der Depression sieht man das nicht.
Man sieht nur das eigene Leiden, dem man ein Ende
setzen will. Depressionen sind im Westen längst
eine Volkskrankheit. Was ist da nur falsch gelaufen
und wovor hat man eigentlich Angst? Was macht
diese Gesellschaft nur alles falsch, damit so viele ihr
Heil in einer Selbsttötung sehen? Man kann denken,
dass das Wir-Gefühl der Gesellschaft verlustig

gegangen ist. Man sieht zuviel das Ego auferstehen und über allem thronen.

Wir sind eine hasserfüllte Egogesellschaft geworden. Wie sehr würde sich ein alleinstehender Mensch mal über eine Einladung freuen? Wie sehr würde man sich über Zuwendung freuen? Die Gesellschaft hat das Wir vergessen zum Vorteil einer Leistungsgesellschaft und Ellenbogengesellschaft. Aber ich denke auch, dass das allein die Depressionsrate nur geringfügig lindern würde. Was nützen meine großen Worte, wenn sie doch ungehört in der Galaxis verschallen?

Ein depressiver sollte auf jeden Fall ein Vollbad nehmen bevor er zur Tat schreitet ...vielleicht überlegt er sich es dann nochmal. Der Depressive könnte meistens die ganze Welt in die Luft jagen. Der Hass der Welt hat sich in ihm gesammelt und er möchte aus seinem eigenen Versagen ein Versagen seines ganzen Lebens machen. Wie könnte man ihnen helfen? Das habe ich mich schon so oft gefragt. Pillen einschmeißen gegen etwas, was da ist und sich nicht ändert, ist wie die Welt durch eine schöne Brille sehen. Man zieht die Brille an und sieht die Welt schön. Wo sie doch gar nicht so schön ist. Vielleicht jedoch muss man sie sich schön machen, bevor man sie so schlecht sieht, wie sie auch gar nicht ist. Vielleicht helfen einem die Pillen die Welt schöner zu färben, bei allem subjektiven Schwarzmalen. Mag sein, dass einen die Gesellschaft krank gemacht hat. Aber darauf zu hoffen, dass sich die Gesellschaft ändert und bessert und gar in einem Wir wieder aufersteht, davon kann man lange träumen. Zuletzt kannst nur

Du die Welt zu einem besseren verändern, stetig und immer wieder. Wenn du anders reagierst als die Masse, dann wird dein Handeln irgendwann einmal zu einem „Mainstream", zu einem allgemeinen Handeln. Die Welt wird sich bessern und die Egogesellschaft wird dahinschmelzen. Und zum Schluss wird auch der letzte Depressive einen Weg ins Licht finden.

10.

Ich will in diesem Buch keine großen Ratschläge erteilen. Aber es bleibt nunmal nicht aus. Vor Jahren sagte ich mal, man müsste kriminell handlungsfähig bleiben. Um nicht zu einem gehorchenden Hund zu werden. Man müßte so verrückt sein um gegen das Gesetz handlungsfähig zu bleiben, um sich Freiheit zu erhalten. Ich denke immer noch, dass daran was dran ist. Aber man sollte, sofern man etwas raten kann, Gesetze einhalten und im Stillen nicht daran zweifeln, dass man auch anders könnte. Was wäre die Welt, wenn niemand mal über das Gesetz treten würde, wenn alles sang und klanglos in einer Koncordie mit dem Gesetz stehen würde?
Die Menschen haben sich Gesetze geschaffen, vor zigtausend Jahren um einfach untereinander bestehen zu können. Damit nicht ein jeder dem anderen ohne Konsequenzen den Schädel einschlagen konnte. Damit nicht jeder, dem anderen einfach sein Eigentum rauben konnte. Was ist draus geworden? Heute befinden wir uns in einem Dschungel von Gesetzen und Fügungen, so dass

man noch nicht mal ungestraft in einen Stadtpark pinkeln darf. Ob das sinnvoll ist oder dem Menschen in irgendeiner Hinsicht dienlich ist, das wage ich entschieden zu bezweifeln. Man muss sich gegen das Gesetz stellen können und kriminell bleiben können. Die Kriminellen sind natürlich zu verachten. Wer klaut oder Unrecht tut, muss mit Sanktionen oder Strafen rechnen. Deshalb kein Plädoyer für Kriminalismus. Aber ein kleines Recht dem, der drüber nachdenkt, was das Gesetz verlangt und was sinnvoll ist. Das macht die Differenz und eröffnet ungeahnte Breiten im Handlungsspektrum. Man kann anders, wenn man will und kann das Gesetz biegen, nicht brechen. Das könnte eine Mogelpackung sein, muss aber nicht.

11.

Man denke an den Sozialstaat. Welch Gesetzgebung, welch Wunder. Man kann leben und wird am Leben gelassen, man kann existieren und ohne die Welt leben wie ein Baby am Busen einer Mutter.
Ich nenne das die Philosophie der bloßen, nackten Existenz. Man kann anders, wenn man will. Man kann sein Leben verbessern und nach großen materiellen Dingen streben. Man kann versuchen, sich zu differenzieren. Wie auch immer. Dass man davon allerdings ganz und gar nicht über die Runden kommt, das dürfte bekannt sein. Dehalb wünscht sich auch jeder, zuletzt davon verschont zu bleiben.

Was aber wenn es so kommt, und du nicht anders
kannst?
Vielleicht wird der Staat dich auch tragen und du
wirst geliebt wie das Baby am Mutterbusen.
Jeder kann mehr, wenn er will und wer sollte da nicht
wollen?

12.

Zuletzt will alles Leben ein Leben wie ein Baby. Man
will zurück in den Bauch der Harmonie. Man will
genährt und geliebt werden wie in den ersten Tagen.
Das ist das Paradies von dem die Menschen
träumen. Wieder und wieder. Immer wieder. Und
wenn ich sage, wir kommen alle nach Hause, dann
meinen die meisten, dass sie wieder zurück in den
Mutterleib kommen werden. Aber das ist natürlich
nicht gemeint. Man wird leben müssen und wie
Sisiphos den Stein hochrollen müssen und wieder
runterpurzeln lassen, man wird sich gewissen
scheinbaren Absurditäten stellen müssen, man wird
Leiden ertragen müssen, bis irgendwann jemand
sagt : Es ist jetzt genug mein Sohn. Darauf kann
man lange warten, natürlich, aber es wird kommen.
Man wird zu höheren Entitäten geleitet werden. Das
ist die Sendung, die Erfüllung des Plans, wie er
schon immer gedacht und gemacht war. Es geht
nicht zurück in den Mutterleib, aber genauso gut wie
der Mutterleib oder besser: eben wirklich nach
Hause.

13.

Denkt man es mangelt an Freundschaft, dann kann das durchaus so sein. Aber uns wird es niemals an Freunden fehlen. Weil wir die Menschen des Zeitalters sind, die all das ertragen was erträglich ist. Wir tragen die Last der Welt auf unseren Schultern und versuchen sie verzweifelt abzuschütteln, doch es gelingt nicht. Nur unsere ruhige Gleichgültigkeit läßt uns das ertragen, was die Philosophen zu ertragen haben. Einsam sind wir zuletzt doch alle und trotzdem niemals allein.
Wir wissen um den Kampf innerhalb der Welten und verstehen das Leid in den Universen, doch allein wir kümmern uns nicht darum. Das Mitleid haben wir vergessen, in einem anderen Leben und wir werden uns hüten über das Mitgefühl hinaus zu gehen. Wir mischen mit aber mischen uns nicht ein. Das ist eine erhabene Grausamkeit im Grunde genommen. Aber ist es nicht dieselbe erhabene Grausamkeit unseres Gottes? --- Was denkt man über uns? Wir wären Götter? So ein Quatsch.
Wir sind lediglich die, die wir sind. Wie jeder. Wie jeder andere auch. Wir sind genügsam und geduldig. Einzig und allein, nährt sich unsere riesige Arroganz aus der Tatsache, dass wir endgülitg aussteigen. Für immer. Ein für alle mal. Es reicht. Uns erniedrigt nichts mehr. Kein küssendes Päärchen, kein Bettler, kein Todkranker. Wir haben ein Telos erreicht, das uns nicht mehr glauben macht, dass das

erneut und erneut unser Brot sein wird. Endlich und es war auch an der Zeit.

14.

Haben sie sich schon gefragt wie es weiter gehen wird? Wie es mal war und sowieso wer über dem Ganzen wacht? Was, wenn es keinen Gott gibt und auch keinen Wächter? Was, wenn all dein Glaube nichts mehr ist, als der kristallisierte Glaube an einen verfluchten Rugby Ball? Dennoch gebe ich offen zu, in allem ist ein gewisser Sinn und Plan. Ameisen, Bäume, Vögel Menschen. Alle haben einen Plan. Das Leben und selbst die Materie ist teleologisch ausgerichtet. Und deshalb schließt der Mensch auf eine höhere Intelligenz hinter all diesem Leben und Streben ....
Richtg schlauer werden wir erst sein, wenn alles vorbei ist und wir gestorben sind und uns die Transzendenz wieder hat. Dann werden unsere Fragen ob dem wirklichen Sinn von 100 Jahren in diesen Planetenwelten endlich geklärt werden. Doch auch dann ist die Frage, ob wir erneut und erneut wieder runtergeschickt werden um erneut die Wahrheit zu finden. Welch absurdes Spielchen könnte man meinen...aber es ist erst klärbar, wenn es zu spät ist mit allem. Kommen wir nach Hause in den ewigen Kreislauf der Materie oder in die höheren Seelen und himmlischen Welten? Man wird es sehen, dann, wenn es zu spät ist und der „Point of no return" verstrichen ist.

Dilemma? Was ist daran tragisch? Alles läuft auf diesen einen Punkt hinaus und dann wird Frieden sein oder ein erneutes Leben....mehr Möglichkeiten sehe ich nicht. Heimkehr, sie wird so oder so doch noch erreicht. Ob stimmt was wir glaubten oder nicht, das muss sich erweisen.

Doch wahrscheinlich ist es schon ganz ehrlich und wir, die wir uns die Heimkehr verdient haben, werden sehen, ob wahr ist, was man uns aufgetischt hat, oder aber alles beginnt erneut und Sisiphos hat doch den Kampf gewonnen und es heißt: Wir kommen hier nicht raus, mach was draus!

Die eine große Frage. Doch hinterher ist man immer klüger.

Es ist schon entscheidend. Denn an dieser Frage machen wir unsere gesamte Lebensphilosophie fest. Die Frage, ob das Leben Sinn macht oder ob es absurd ist. Zuletzt weiß das All selbst nicht die Antwort auf die Frage wie es ausgeht und dann haben wir uns überschätzt in der Intelligenz hinter allem und jedem. Doch stellen wir mal die Frage, welches Leben befriedigender wäre und damit auch ertragreicher...ein Leben ohne Sinn und Rahmen oder ein Leben mit Sinn und Rahmen?

Die Frage ist einfach und logisch zu beantworten. Das eingerahmte Leben ist befriedigender und damit wäre das beantwortet. Die Effizienz und der Ertrag spielt zum Schluss mal wieder die entscheidende Rolle. Und so ist es egal, ob das Leben nach dem Leben ein bloßer Glaube ist oder nicht. Denn das Leben, das an ein Leben nach dem Leben glaubt, ist liebevoller und befriedigender.

Allein deshalb macht es mich zufriedener und glücklicher und allein deshalb zieht es den Stachel aus dem alles zunichtemachenden Faktor Tod, der da ist und den man nicht wegdenken kann.
Schön logisch. Und damit zurück in den Käfig des Seins.

15.

Einst träumte man von Ruhm und Ehre. Was blieb, war das Gefühl etwas hinter sich gelassen zu haben. Inzwischen träumte man zwar immer noch, aber es war nicht mehr so wichtig, es war just in Ordnung.
Als Kind träumt man davon LKW Fahrer oder Bahnpilot zu werden. Als Erwachsener träumt man von einem Journalistenleben, von einer schönen Partnerin, von einem tollen Urlaub. Aber als Seele träumt man davon irgendwann einmal richtig anzukommen. Und das heißt nach Hause zu kommen. Sicher, wir alle haben ein Recht darauf, aber manchmal muss man eben sehr lange warten. Aber was heißt zuletzt lang, wenn wir doch die Ewigkeit Zeit haben, für den Heimweg?
Jeder Mensch träumt davon ein glückliches Leben zu leben. Und das hätten wir alle verdient. Aber das hieße widerrum Rückkehr in einen sozialen Kommunismus. Und wir sind nunmal so verschieden, wie wir nunmal sind. Jeder macht sein Ding, man kommt gar nicht daran vorbei, denn was man auch macht, man macht es, weil es der Weg ist, der eigene Weg, der göttliche Plan. Nur kommt der Punkt, an dem man sich verabschiedet von der Welt,

ohne auch nur den Hauch von Verachtung und Hass zu spüren. Man gewinnt an Dankbarkeit, doch zuletzt hatte man es sich alles selbst zu verdanken, weil man es sich verdient hatte, nach jahrhundertelangem Kampf. Zum Schluss weicht die Angst und es bleibt nur noch ein wenig Furcht übrig vor diesen unsagbar herrschsüchtigen und machtgierigen Wesen, die die Welt immer wieder nur noch unerträglicher machen und den Menschen das Atmen schwer werden lassen.

Ich dachte immer ich selbst sei nicht machtgeil und titelbegierig. Aber das war ein entscheidender Irrtum. Es strebte sich in mir nicht nach weltlicher Macht, wie man sie meist bezeichnet. Nein, ich wollte immer allmächtig werden. Durch Türen gehen können, die geschlossen waren; erschossen werden, ohne zu sterben. Und da ich so manches überlebt habe, bei dem andere längst gestorben waren, hat sich in mir der Gedanke etabliert, ich sei irgendwie erwählt: erwählt einen bestimmten und wichtigen Auftrag zu erfüllen.

Aber davon habe ich inzwischen abgelassen und mich auf eine ruhigere Sicht der Dinge verlegt. Und wenn es doch so sein sollte, dann werde ich meinen göttlichen Plan natürlich erfüllen ohne wenn und aber. Wir alle erfüllen diesen Plan, immer und immer wieder. Es gibt kein Entweichen. Das ließe auf eine gewisse deterministische Sicht schließen, die sich bei mir eingeschlichen hat. Das läßt sich nicht von der Hand weisen. Freiheit bleibt in meinen Augen allein dem Seelenkörper. Und bis das was wird, vergeht oft eine geraume Zeit. Die physische Welt, bleibt eine Welt der Zwänge. Man hat den Menschen erzählt sie seien frei in ihrem Willen, um sie zu beruhigen und sie nicht zu verängstigen. Doch die Freiheit nach der uns alle sehnt, wird man im Physischen niemals finden. Vielleicht aber auf dem Weg, der dich aus dem ewigen Rad der Wiedergeburten erlöst und dich erkennen läßt, dass du Seele bist und dass du bist und nichts mehr. Immer warst und immer sein wirst. Davon träume ich heute. Die Freiheit, die ich einst kannte, im Irdischen zu erleben und das ohne schon tot zu sein.

16.

Frage nach dem Weg. Frage nach dem Wächter. Suche den Weg. Finde ihn und finde den Wächter. Oft wird dir erzählt werden, dass es tausende Erleuchtete gibt, und viele viele Meister. Ob das wirklich der Wahrheit entspricht oder ob man ein Täuschungsmanöver gestartet hat, musst du zuletzt selbst ergründen.
Viele wollen dir erzählen, was war und wo du hingehst. Aber wer hat die Macht dies wirklich zu tun?
Nützt dir die Information, die von vermeintlichen Meistern erhältst, oder führt dich das nur auf einen Weg, der dir dann plötzlich nicht mehr geheuer ist?
Natürlich versucht man dich zu beeinflussen. Das ist immer und überall so. Alles beeinflußt dich. Jede Information wird dazu verwendet dich von deinem Weg abzubringen. Auch du selbst beeinflußt andere. Ein nicht enden wollender Kreislauf auf dem großen Informationsmarkt der Galaxis.

Einmal jedoch wirst du einen richtigen Weg finden.
Einen Weg und einen Wächter. Du brauchst das.
Und du wirst zurückblicken und lächeln. Es wird nicht
unbedingt leichter werden, aber gangbarer.
Und dann wirst du selbst leuchten und anderen ein
Vorbild sein. Licht wird in dich kommen, Klang und
Ton von Sphären, die du nicht für möglich gehalten
hättest. Der Weg wird dein Leben sein und der
Wächter dein Begleiter. Und du wirst dankbar ein
Ende kommen sehen.

17.

Eine scheinbar unheilbare Krankheit ist das
Todesurteil für einen jeden Menschen. Wirklich
jeden? Es kommt darauf an. Für den, der nicht in
einem gewissen Sinnzusammenhang lebt und
keinen Glauben hat, ist das natürlich ein doppeltes
Todesurteil. Aber selbst für den Gläubigen und einen
Wissenden ist es ein hartes Los. Man kann immer
sagen, man glaube um die Welt jenseits der Welt,
aber wenn es dann drauf ankommt und man wirklich
alles hinter sich lassen muss und zuletzt das Ego mit
dem Körper sterben sieht, dann können schon mal
Zweifel aufkommen. Selbst große Persönlichkeiten
wie Jesus riefen in dem letzten Moment um Gottes
Hilfe.
Früher hätte ich eine schwere Krankheit
herbeigewünscht, einfach um sterben zu können, um
eine Legitimation zu haben, nun doch endlich auf
natürliche Art und Weise zu sterben und sterben zu

dürfen. Aber das Schicksal hat es nicht so gewollt und so müssen halt meistens die Menschen, die sehnlichst noch was leben wollen sterben und die, die das Leben satt haben und sterben wollen, sind zum Leben verdammt.

Heute ist es mit mir anders. Ich wünsche keine schwere Krankheit mehr und will noch was leben, aber nur um endlich die ganze Geschichte zu lösen. Ein verdammt harter und langer Weg liegt hinter mir, davon bin ich inzwischen überzeugt. Es war ok, es war ertragreich und ich habe das geschaffen wozu ich bestimmt war. Somit für meinen Teil habe ich abgeschlossen mit dem Leben und könnte mich verabschieden. Trotzdem würde ich es als meine Aufgabe sehen im Fall der Fälle bis zum letzten Möglichen zu kämpfen. Für das Leben zu kämpfen. Es war nämlich immer meine Aufgabe mein Überleben zu gewährleisten, für mein Weiterleben zu kämpfen und diesen Kampf würde ich mich verpflichtet fühlen auch bis zum Letzten auszufechten. Es wäre die Ironie meines Schicksals und Daseins. Und vorgenommen habe ich mir, ein Überleben über das Leben hinaus zu erreichen. Damit wäre ein Leben gerettet, selbst bis in die Extremsituation eines Sterbenmüssens. Ob es mir gelingt oder ob ich mir Illusionen gemacht habe, das wird sich zeigen.

Zuletzt ist das Leben eine große Transformation gewesen. Eine Bewußtheit, die sich fast stetig steigerte und die dann doch noch größerer Bewußtheit teilhaftig werden wird. Vielleicht war mein Bewußtsein des Lebens ein Bewußtsein, das das Leben zu wenig geliebt und geachtet hat. Daran

musste ich arbeiten, mein Leben lang. Es war mein
Auftrag mich selbst zu retten. Ich versuchte es
immer wieder. Langsam wird es aber das Wesen hat
Schaden genommen. Noch ist mein letzter Tag nicht
da. Lange hat man gewartet auf ein Leben, dass
einem gefallen würde und dennoch denke ich, es
war schon ok so. Es mag sein, das ich irgendwann
einmal soviel Freude am Leben habe, dass es mich
stören würde, das Leben aufzugeben. Doch dann
hätte ich mein Ziel erreicht mich doch noch zu retten.
Traurig wie jeder werde ich mich dann vom Leben
verabschieden aber dann würde ich doch das Ziel
erreicht haben.
Jeder Mensch träumt von einem Leben nach seinen
Möglichkeiten. Nach einem erfüllten Dasein und
Leben mit Liebe, Achtung und Erfolg. Wir alle haben
auch ein Recht darauf. Und solange wir das auch
nicht erreichen, wird unser Leben wieder in das
Leben führen. Wir müssen uns nunmal vollenden.
Irgendwann. Der Traum eines Lebens, der schon
von Anbeginn in dir schlummerte. Jeder muß diesen
Weg gehen aber nicht ohne den Wächter.

18.

Man fragt nach dem Sinn des Lebens. Da kann man lange suchen. Wahrscheinlich die Möglichkeit auf Heimkehr immer und immer wieder. Zuletzt aber auch eine immerwährende Transformation. Der Versuch zum kreativen Leben, der Versuch zu lieben und Leben weiterzugeben. Der Versuch glücklich zu werden. Der Versuch Gott näher zu kommen. Einfach den Weg zu gehen, der dir nunmal bestimmt ist. Der Versuch erfolgreich zu sein, mit dem was man kann und mit dem für das man selbst die Verantwortung trägt. Reichtum zu erlangen und ein Leben in Luxus führen, auch das ist vielen ein Lebensziel und ein Sinn. Vielen ist der Sinn aber einfach auch mehr zu haben als andere. Besser zu sein und mit mehr protzen zu können als anderen es jemals möglich ist. Man nennt das in der Soziologie Komparitionsreferenz. Man arrangiert sich mit einem gewissen Status und will einen Status erreichen und sich dann wohl in seiner Haut fühlen. Ich weiß, dass das vielen nicht reichen würde für einen Sinn im Leben aber wie vielen reicht es tatsächlich doch? Der Versuch der Heimkehr. Da gibt es die großen Lehrer und Seher, die einem behilflich sind, und die einem einen Weg zu weisen versuchen. Irgendwann findest du deinen Meister und bleibst beharrlich auf einem Weg, der dir besser erscheint als alles was du jemals im Bereich der Esoterik zu sehen und zu hören bekommen hast. Plötzlich weißt du regelrecht, dass du auf einem ganz bestimmten Weg bist, der dich zu einem Lichtträger werden läßt und dich dann doch hoffen läßt, es diesmal wirklich zu schaffen. Doch dann war es doch nur deine Eitelkeit, die befriedigt wurde und die Herren des Karma stehen dir gegenüber wie seit eh und jeh. Vertraut hattest du dem Wächter und seinen Worten, doch Garantien gibt es nicht.

Doch würde ich sagen: die subjektive Art des Erlebens, die der richtige Weg mit sich bringt. Das Erleben, das du mit den Welten machst, die jenseits des eigentlich Erfahrbaren liegen.

Dann denkst du plötzlich: der Sinn war es einfach von Gott geliebt zu sein. Einfach und schlicht ist diese Erkenntnis und ist fast so simpel wie der Katechismus vor der Zeit meiner Zeit.

Die Frage stellt sich dann nicht mehr. Die Beantwortung der Frage nach dem Sinn ist einfach die, dass du und jeder Mensch von Gott geliebt ist. Man schickt uns hierher um eine Erfahrung zu machen und die Bewährungsprobe zu bestehen, diese Gottesliebe zu finden. Einfach, könnte man sagen. Aber was wäre besser: niemals gelebt zu haben oder doch die Erfahrung des Menschseins gemacht haben zu dürfen. Ich denke, das ist leicht zu beantworten. Kaum jemand wünscht sich niemals gewesen zu sein, wie hart und grausam auch die Existenz gewesen sein mag. Zuletzt waren wir uns selbst der größte Feind. Unser einbetonierter Glaube und unser festgefahrenes System, das den Weg zu Erlösung immer und immer wieder verhinderte. Jetzt kommen wir zu einem Punkt, an dem all das vergangener Leben und Lebensphilosophien nicht mehr zählt, wo wir uns auf den Weg machen, die

Welt zu nehmen und dazu das Leben und dann dankbar, den Weg antreten, der uns zum Ausgangspunkt unseres ganzen Reisens zurückbringt. Wiederum könnten Skeptiker behaupten es sei lediglich derselbe irrtümliche Glaube, der uns zu dieser Annahme leitet. Doch bei genauerem Hinsehen ist klar, das wir uns nicht irrten, allein aus dem subjektiven Erfahrungsschatz, der uns auf den Weg gebracht hat sind wir so stark geworden, dass man uns sagen kann was man will. Nichts und niemand wird uns jemals wieder abbringen von diesem Weg. Denn es ist der Weg des Ewigen.

Ein Weg, der uns die Frage aller Fragen vergessen läßt und der sich in der Liebe zum Leben und der Liebe zu Gott nun doch noch der Frage der Fragen stellen wird.

19.

Geschichte ist gut. Auch wenn man sie nur bruchstückhaft kennt. Jeder macht sich selbst ein Bild. Wie es war und wie es vor allem war, da mal gelebt zu haben.

Die Frage der Religion in der Geschichte des Menschen ergibt sich automatisch. Wurden die Götter einst erfunden um die Menschen die Gesetze einhaltend zu machen? Eine Frage, die sich die alten Griechen schon stellten. Wer sprach zu uns Menschen in all den Jahrhunderten und Jahrtausenden mit der Zunge des Propheten ? Wer gab uns die Einsicht, dass vielleicht doch eine

Weiterexistenz nach dem Tod möglich sei ? Wer veranlaßte uns unsere Toten zu begraben? Mit Beigaben und Opferriten und Klagegesängen? Und zudem stellt sich die Frage: Gab es eine Religion, die es immer gegeben hat: zu allen Zeiten? Nur zu gerne gebe ich zu Protokoll, dass ich selbst an ein Höheres unserer Existenz glaube. An die Seele, an ein nicht Zerstörbares und an den Sinn unserer Existenz. Aber was wenn der eschatologische Glaube an einen Erlöser und das jüngste Gericht lediglich der Glaube an die Wiederkunft von Außerirdischen sein sollte ? Viele dieser Leute, die das glauben und vertreten werden heute noch als die großen Spinner des Zeitalters angesehen. Es gibt aber viele Indizien für die Echtheit dieser Annahme, auch wenn man zum Schluss zugeben muss, dass doch mehr als das hinter all der religiösen Offenbarung der vergangenen Jahrtausende stecken sollte.

Kommen wir zurück zur Geschichte: viele Geschichten erzählt uns die Weltgeschichte. Grausame, liebevolle, verrückte und aufschlußreiche Schicksale erzählt uns das Leben immer wieder. Die Geschichte eines Nazareners steht neben der Geschichte eines auf einem skatebordfahrenden Inders, eines Halbverbrannten, eines im Mittelalter Geblendeten, eines Verhungerten, einer Hure, eines Lebemanns und eines Menschen wie wir alle. Jede Geschichte ist schnell erzählt. Jedes Schicksal steht für sich mit all seinen Hoffnungen und Annahmen über ein großes Sein nach dem Sein, oder dem bloßen Glauben an die Seinsweise des Lebens allein.

Was läßt uns zu der Annahme gelangen, dass ausgerechnet unser Leben wichtig sei? Dass es unbedingt notwendig sei, die Kindertage unserer Kinder auf Video festzuhalten oder auch nur auf Fotos? Für wen? Für wen in 1000 Jahren soll das noch von Belang und Wichtigkeit sein?

Wen wird unser Schicksal allein in 100 Jahren noch interessieren? Wer interessiert sich für das Schicksal unserer geliebten Haustiere? Wer, wenn nicht Gott sollte dafür Interesse zeigen?

Entweder wir ergeben uns in die Hände dieses großen Wesens und wissen um die Gnade allein der erlauchten Existenz eines menschlichen Wesens oder aber wir befinden uns in der Sinnlosigkeit der Weltgeschichte niemals zurecht und wursteln hadernd mit unserem Leben ein ums andere mal herum.

Wer sollte sich für diese meine Ausführungen in einem Buch, das ich Wege zu einer neuen Welt genannt habe interessieren? Warum schreibe ich überhaupt?

Ist es lediglich der Selbstbehauptungsversuch, der Versuch besser zu sein, als die, die sich um nichts scheren, als das eigene Wohlergehen? Ist das der Versuch zu den Erwählten der Menschheit zu gehören, die sich einen ewigen Platz in den Bibliotheken der Nationen verdient haben?

Ich sollte meine Versuche einstellen, in der Geschichte eine Geschichte ohne meinen Namen anstreben. Getilgt sein, ungehört und doch gelebt zu haben. Doch wissend um die ewige Aufzeichnung dieses Ganzen und um die Unvergessenheit jedes

Gedankens und jedes Gefühls, weiß ich um die Richtigkeit meines Schreibens und Tuns.
Ich wünschte nur ich könnte mehr Menschen auf den Weg bringen dieses Leben als sinnvoll und liebenswert zu erachten. Das ist der Zweck meines Buchs und meines Wirkens. Es soll den Menschen den Weg weisen, den Weg zum Wächter. Einmal auf diesem Weg angelangt, wird es einen Weg geben, der gangbar und befriedigender nicht sein könnte. Heraus wird man gelangen aus den Verstrickungen der Geschichte und Religionen, die einem stets den Weg verwehrt haben, die Befreiung zu erlangen. Das Leben ist aufregend und manches Mal, wird es geschehen, dass du einen Weg finden wirst, der dich als das „Ich bin" begreifen läßt und dich voller Scham auf das Leben in den vergangenen Welten und Geschichtsperioden dieser Planetenwelt zurückblicken lassen wird.
Dann ist der Punkt erreicht, an dem du dich bereit machst für den Weg nach Hause.

20.

Angst kommt über mich. Doch ich muss endlich, endlich lernen sie nicht immer abzuwehren. Denn das verschlimmert nur alles noch. Nein, ich muss versuchen mich meiner Angst zu stellen. Gar nicht wissend, woher sie kommt und warum sie mich immer und immer wieder beschäftigt. Und meine Angst ist unbestimmt, rührt aus einer uralten Angst, wahrscheinlich, als Kind aufgesucht, um sich vor etwas zu schützen, was da war und immer dageblieben ist. Angst ist eine Grundentität des Menschen. Angst zuletzt vor dem Leben, dann doch größer als die Angst vor dem Tod.

Unbegreiflich zieht sie ihre Bahnen und wirft mich auf meine Existenz zurück. Habe ich Angst vor der Unmöglichkeit meine Existenz selbst zu bestreiten? Wovor habe ich Angst? Die Angst wahrnehmen und akzeptieren, das soll helfen, sagen die Psychologen. Ich aber kann mich in diesem Moment nicht dazu aufraffen, dies zu tun. Was bleibt ist die immer erlernte Strategie die Angst abzuwehren und dadurch nur noch ärger werden zu lassen. Was wenn ich meine Angst meinem großen Führer anvertrauen könnte, den Wächter dazu bringen könnte, mir jetzt und hier beizustehen und zu helfen? Ja, das wäre in der Tat gut. Und gerade in diesem Moment vernehme ich das Klingeln an der Haustüre. Es ist aber niemand da, der geklingelt hat. Halte ich mir die Ohren zu, und frage ich mich woher dieses Geräusch kommen mag, dann gibt es nur eine Antwort. Die höheren Sphären sind da. Deshalb sollte ich eigentlich glücklich sein, mich glücklich schätzen. Doch mir ist das Glück in diesem Augenblick versagt, wo doch die Angst an und in mir zerrt und mich auf düstere Gedanken kommen läßt. Alles war so einfach gewesen mit diesen Tabletten, die ich über Jahre zu mir genommen habe. Doch damit ist jetzt Schluss. Ich muss mich einem neuen Leben stellen und ich möchte der Herr über mich selbst werden und damit auch über die unangenehme Angst oder sonstwedes Gefühl, das mich überkommt und mich in seinem Bann hält. Der

Mensch ist schon so lange ein Geschöpf des Gefühls und viele behaupten, dass das die Seele des Menschen sei. Wenn das jedoch alles wäre, dann wäre es in der Tat zu wenig und der Mensch würde wieder mal zu einer Maschine. Vielleicht ist er auch eine solche Maschine. Trotzdem glauben ja sehr viele an die Existenz einer Seele. Und dieser Glaube hält sich hartnäckig, über die Erkenntnisse der modernen Naturwissenschaft hinweg, hinweg über das trostlose Gelaber der erlauchten Philosophen. Zum Glück konnte die Nichtexistenz der Seele noch nicht bewiesen werden. Und zum Glück steht der Mensch erst am Beginn einer langen Bewußtseinserweiterung, die ihn dahintragen wird, immer mehr zu sehen, dass das Leben eine Schulung der Seele ist. Immer und immer wieder. Und wenn ich in diesem Leben lernen soll mit meiner Angst fertig zu werden, dann werde ich mich dieser Aufgabe stellen. Nur wie kann ich mich dieser Aufgabe stellen, wenn ich über Jahrzehnte gelernt habe meine Ängste gut zu verdrängen. Wir sind allesamt große Verdrängungskünstler, aber das ist eine ebenso große Sackgasse. Was kann man tun, außer Ablenkungsmanöver zu fahren und immer nur verdrängen und damit abwehren zu wollen. Der Weg ist einfach in der Annahme der Gefühle zu sehen. Ein schlichter und einfacher, uns viel zu einfach erscheinender Weg. Aber das ist die einzige Chance, die uns bleibt. Und dabei ist es unwichtig zu ergründen, wo die Gefühle herkommen. Man muss sich eben nur die Zeit nehmen und sie wahrnehmen und annehmen. Das ist der einzige und sinnvollste Rat an mich selbst und die Menschen, die mich in meinem Leiden verstehen. Und wer sich selbst hilft, dem hilft Gott, sagt spöttisch der Volksmund. Und dann wird dir auch dein Meister zur Seite stehen. Und du wirst beglückt in den Alltag zurückkehren.

21.

Man glaubte an das und an dies, mal an jenes und an was anderes. Jahrtausende des Glaubens haben zig Religionen kreiert. Von der Prähistorie über die Sumer zu den Ägyptern, Griechen, Persern, das alte China, Indien und Israel. Was blieb war der Glaube an ein Sein nach dem Sein. Was jedoch wenn alles vorüber ist mit diesem einen Mal? Wenn keine Herren des Karma auf uns warten und wenn es nun doch keine Gerechtigkeit geben sollte?
Die Frage läßt sich, man kann sagen leider, nicht beantworten. Natürlich spricht vieles für das Leben nach dem Leben und einer endgültigen Gerechtigkeit. Die alte Bagavadgita spricht von einer gewissen Relevanz dessen, woran man geglaubt hat. Dass dasjenige für uns wirklich wird, worüber wir in den letzten Augenblicken unsere Existenz sinnierten. Der eine glaubte an Jesus, der andere an Mohammed und wieder ein anderer an Ahura Mazda. Es scheint eine gewisse Relativität in diesen religösen Angelegenheiten zu liegen. Doch was passiert mit dem, der an gar nichts geglaubt hat? Wird er in das Nichts aufgehen? Und sich dort sein Bewußtsein in Nichts assimilieren?
Zweifellos sind wir Materie, die unvergänglich den Wandelbarkeiten dieses Universums unterworfen ist.

Aber wir Menschen besitzen den Geist. Was ist dieser Geist? Eine gewisse biologische Chemie oder doch etwas Ewiges, so etwas wie eine Seele, ein Unzerteilbares und Göttliches? Wie viele Menschen haben an die ewige Wiederkehr geglaubt und damit an die Existenz ihrer Seele? Wird das Universum ihrer gedenken und ihnen ein neues Leben bescheren?

Die Frage ist die, ob unsere Sehnen nach Glück und Frieden nicht mehr war als unerfülltes Streben und zuletzt nicht mehr als ein Hirngespinst. Doch wir alle werden es früh genug merken. Dann wenn sich der große Vorhang für uns alle schließt und mit dem Untergang des Individuums die ganze Welt stirbt...dann wird es sich erweisen, ob Sinn in dem Ganzen war oder nicht. Ob es dann zu spät ist oder ob wir heimkehren, endlich...oder in das große Nichts fallen werden. Ob nicht doch der Wächter kommen wird und wir endlich die Stätten der Wahrheit betreten werden, die transzendenten himmlischen Städte. Ob wahr ist, was uns Jahrtausende der Offenbarung erzählt haben. Wir Menschen sind Bewußtheit in steter Entwicklung. Sogesehen kann etwas, was etwas ist, nicht dem Nichts anheimfallen. Vielleicht werden wir tatsächlich geformt aus der Substanz des ewig einen und gehen diesen Weg noch und noch. Doch wie es scheint, ist doch etwas für uns nicht Sichtbares in einer Welt des Geistes, transzendent vorhanden und sogar im Leben eines Menschen erreichbar.

Dort wirst du auf den Wächter treffen und wenn es für dich an der Zeit ist, wirst du in diesen Welten reisen dürfen. Vorüber sein wird die Zeit der

mentalen Zweifel und aller deiner Philosophien. Der
Vogel deiner Selbst wird emporsteigen und du wirst
dich erheben über die Substanz der Materie. Freiheit
wird dich küssen und du wirst Mensch sein,
erhabener als Heilige und Brahmanen. Und dann
war es doch der richtige Weg, den du eingeschlagen
hattest. Vorüber ziehen an dir die Epochen und die
Historien und endlich erfährst du die Wahrheit dieser
Welt und des Ganzen. Das große Selbst führte dich
empor zu diesem Sein und es ist wahrhaft das Sein,
das Sein deiner Selbst.

22.

Jetzt war es plötzlich egal. Egal, wie und was
passieren würde. Das, was das Zodiak hergab, war
mit einem Mal unbedeutend, gleichgültig. Sollten
sich die Sterne drehen, solange sie sich drehen
würden. Einem selbst war eben das bestimmt, was
einem bestimmt war. Mal war es so, mal war es
anders. Nun ja, immerhin lebte man inzwischen in
einem zivilisierten Zeitalter, auch wenn mit aller
Macht die Atavismen der vergangenen Zeiten
manchmal wieder hoch zu kommen schienen.
Plötzlich hatte ich die Richtigkeit meines Weges
erkannt und erkannt, dass es zwecklos war, sich
aufzulehnen gegen das was einem nunmal bestimmt
war. Sicher, Erfolg zu haben und das nicht nur in den
Sequenzen seiner nächtlichen Träume, wer
wünschte sich das nicht? Viel Arbeit lag vor mir,
eigentlich vor jedem. Aber wer hätte gedacht, dass
jemand so Kleines mal so groß werden könnte?

Denn alles was groß geworden war, hatte einmal klein begonnen. Mit einem Mal begann sich die ganze Chose zu verselbständigen, begann sich die Sache zu beschleunigen. Vielleicht bildete ich mir dies alles nur ein, doch es gab genügend Indizien, die für die Richtigkeit meiner Annahme sprachen. Der Sinn des Lebens war das Leben sinnvoll zu beenden. Auszusteigen aus dem Kreislauf der ewigen Wiederkehr. Doch Nietzsche, der gemeint hatte, man würde dieses Leben wieder und wieder leben müssen, hatte die Rechnung ohne den Wächter gemacht. Ich war so froh diesen Meister endlich gefunden zu haben. Auch wenn es ganz ohne Widersprüche nun doch nicht ablief. Aber damit konnte man sich noch so gerade arrangieren. Zuletzt hatte sich all mein Mühen und Streben einen Weg nach Hause zu finden doch gelohnt und deshalb machte es für mich auch dann keinen so großen Unterschied mehr, ob man nun erfolgreich war oder nicht. Den Traum geliebt zu werden, den hatten alle Menschen. Und das hieß nunmal erfolgreich zu sein. Nun ja nicht nur. Sondern auch Liebe um der Liebe willen. Trotzdem war es für jeden wichtig ein Mindestmaß an Anerkennung für sein Tun zu erhalten. Ich sprach davon schon mal in den Maximen. Jeder liebt seine Produkte und will sie vorweisen. Oder jeder gibt das, was sein Material hergibt und kann gewissermaßen für sein Produkt. Und da wären wir wieder einmal beim Verkaufen. Beim großen Kapitalmarkt dieser Planetenwelten. Was wenn du auf deinem verdammten Produkt sitzen bleibst? Wenn du einen Kuchen gebacken hast und niemand will ihn kaufen? Dann ißt du ihn am besten selber. Trotzdem wird der Frust über dich kommen und du wirst Gott sogar fluchen und dich abwenden von ihm. Hjob war standhaft. Alles gehabt, alles verloren, nur seinen Glauben nicht. Wenn es so einfach wäre. Es kommt eben auf den Mensch an. Aber auch auf die Bedingung seiner vorangegangenen Taten. Seit alten Zeiten nennt man das Karma. So schleppt jeder die Bedingungen seines Lebens mit sich herum und sorgt ständig dafür, dass neues Karma entsteht. Krishna sprach davon, bloß nicht sein Tun aufgeben zu wollen, um dem Gesetz des Karma zu entfliehn. Nein, man solle mutig weiter handeln, aber auf die Früchte seiner Taten verzichten, beziehungsweise nicht auf die Früchte seiner Taten spekulieren. Selbstloses Handeln befreit dich somit aus den Verstrickungen des ewig sich aufladenden Spiels immer wider neue Ursachen zu schaffen und das Rad des Karma nicht durchbrechen zu können. Und da wären wir wieder am Anfang. Die Früchte, das Resultat meines Tuns sind und sind nicht mehr so wichtig. Allein wichtig ist für mich, mich nach und nach von dem Sein und Leben eines Menschen in aller Freundschaft zu verabschieden. Und der Wächter tut seinen Teil mir bei diesem Weg zu helfen. Ohne den Wächter kannst du es nicht schaffen. Irgendwann wird er dir begegnen und du magst denken: wie sieht der denn aus? Doch bald schon wirst du erkennen, dass er der ist, der er ist. Und du wirst danach streben immer mehr selbst ein Meister deines eigenen Lebens zu sein und zu werden. Und dann wirst du in Ruhe, in aller Ruhe Abschied nehmen.

23.

Wie alt ist die Welt? Ich meine nicht die Welt,
sondern die Welt des Menschen. Einige sagen
10 000 Jahre, andere sprechen von der Existenz
anderer Kontinente vor der Zeit unserer Zivilisation.
Wie zum Beispiel Atlantis oder Lemurien. Man kann
es nicht verifizieren, aber doch könnte es diese
sagenumwobenen Länder gegeben haben. In einem
goldenen Zeitalter, in dem Frieden und Glück
herrschte, bevor das Kali Yuga Zeitalter anbrach. Wir
leben heute in diesem dunklen Zeitalter. Das
behaupten zumindest Esoteriker. Doch die Sonne
scheint wie eh und jeh und so schlecht wie es
aussieht, ist es gar nicht. Die Sklaverei hat man
abgeschafft vor etwa 200 Jahren. Doch das war mal
wieder ein Schuss in den Ofen. Natürlich gibt es die
latente Sklaverei heute noch. Für all die, die sich
tagtäglich im Hamsterrädchen drehen, um ihren
Lebensunterhalt zu verdienen, um einen
verdammten Kredit abzubezahlen oder um sich die
Luxusgegenstände zu leisten, von denen die nur
träumen können, die sich gar nichts leisten können.
Jeder indes träumt von mehr. Der eine lebt in den
Slums und träumt von Nahrung oder gar sauberen
Wasser. Der andere wohnt in einem ärmlichen
Häuschen und träumt von einem besseren
Häuschen. Wieder ein anderer ist behindert und
wünscht sich laufen zu können. Und selbst die
Reichen und Schönen haben noch ihre Träume.
Träumen vielleicht von einer guten Nase feinen Koks

oder einem Jet ganz für sich allein. So versucht jeder sein Schicksal zu meistern und vor allem zu verbessern. Sich und sein Leben zu verbessern und seinen Weg zu gehen. Die Suche nach dem Glück. Zumindest nach einem guten Stück von Glück. Nach temporären Empfindungen, die etwas länger andauern. Es ist der ewige Kampf für die einen oder das immerwährende Spielchen für die anderen. Nebenbei sorgt man sich darum neues Leben ins Rennen zu schicken. Aber das tut ein reflektierter Mensch erst dann, wenn der harte Weg durch die Institutionen vergessen ist. Dann, wenn man meint, es sei gut Familie zu haben. Als Mittel zum eigenen Glück. Viele auch machen nur Kinder um die Leere in ihrem eigenen Leben mit etwas zu füllen. Doch was wenn die Kinder einst aus dem Haus sind und sich die verlassene Seele der Eltern dann regt? Und die meisten Menschen machen Kinder, weil die Lust sie dazu zwingt, weil sie der eigenen Lust nicht widerstehen können und weil sie keine Möglichkeit haben das neue Werden eines Menschen durch die List der modernen Verhütungsmittel zu verhindern. Weil sie es sich auch noch nicht einmal leisten können an sich uns ihre Gesundheit zu denken. Der Natur gehen sie auf den Leim und sorgen somit für das Überleben der Art Mensch. Schlecht ist es aber nicht. Denn wir alle sind zuletzt das Ergebnis der Lust unserer Eltern. So kommt es auch, dass immer wieder neue Seelen in diese Welt geschickt werden, um das Leben zu erfahren, um zu lernen und um selbst einst Meister ihrer Selbst zu werden. Heute hat man den Überblick über soviele Leben und Leidensgeschichten und über soviel Weisheit aus den Menschheitserinnerungen. Wieso sollte man da nicht die Gelegenheit beim Schopfe packen und lernen. Lernen von den großen Weisen, die diese Welt schon vor soviel Zeit hervorgebracht hat. Nutzen sollte man die Gelegenheit dieses Geschenks des Menschseins, um Informationen zu sammeln und ein stetig Werdendes zu bleiben. Irgendwann ist es dann genug. Genug gelitten, genug gehofft, genug gewartet, genug gesucht. Du findest endlich den Wächter und durch ihn gelingt es dir dich endlich vom Leben zu verabschieden. Dann erkennst du plötzlich die Maya, die Illusion dieser Welten und freust dich auf ein Leben in dem du ein Mitarbeiter des Ewigen wirst. Man kann es leider nicht ausdrücken und auch ich bin noch lange nicht so weit, dass ich das von mir behaupten könnte. Auch ich wünsche mir einen Sohn oder eine Tochter. Auch ich möchte erfolgreich sein und mein Leben verbessern. Doch einmal werde auch ich mich entscheiden, wieder zu leiden und erneut zu werden oder doch endlich Heim zu kehren. Uns allen bleibt für diese Entscheidung viel Zeit. Mehr Zeit als ein Mensch jemals ertragen könnte.

24.

Heute reden die Menschen von Reinkarnation und so weiter. Aber im Grunde haben alle schon ziemlich genug und würden sich mit einem Leben auch zufrieden geben.
Es nützt alles nix. Wir Menschen und auch die Kreaturen unterstehen so einer Art Weltgesetz, das

Seneca inexorabilis lex nannte. Es soll also unerbittlich sein.

Hoffe man nur, dass es gerecht zugehen wird. Und angenommen man könnte mit diesen Herren des Karma oder vielleicht sogar mit Gott selbst verhandeln. Wer wollte da nicht ein gutes und gemütliches Leben für sich herausholen wollen? Natürlich könnte es auch so sein, dass das Leben in neuen Körpern gebraucht wird, um einen Perspektivenwechsel hinzubekommen. Also das Leben immer wieder aus einer neuen Sicht erlebbar zu machen. Möglich wäre es. Aber wir werden erst schlauer sein, wenn uns die Transzendenz wieder hat. Und selbst die, die außerkörperliche Erfahrungen hinter sich haben, können nicht herleiten wie das Weltgesetz begründbar ist. Sie wissen aber um höhere Seinswirklichkeiten, die nicht weit von unser eins entfernt sind. Schlüssel zur höherem Sein ist ihnen gemäß die Schwingung unseres Geistes und das Bewusstsein. Eines guten Tages werden wir genug gedient haben in den irdischen Welten und uns aufmachen nach Hause. Wieso der Umweg? Wegen der Erfahrung und natürlich aus Zeitvertreib. Was sonst?

25.

Das Universum ist in der Tat ein Universum der Lust. Alle Lust will Ewigkeit. Das wußte Nietzsche. Faust dachte auch, er könne ewig in der Lust bleiben. Wir alle sind auf der Suche nach dem Glück. Auch wenn es nur momenthaft ist. Wir streben danach zumindest einen Augenblick im Paradies der Lust verweilen zu dürfen. Nun aber kommt jemand daher und will mir erzählen, dass Lust schlecht ist. Wieso soll das Lustige, das Lustvolle schlecht sein? Weil es dich immer wieder zurück auf den Sitz der Begierden treibt, auf das ewig gleiche sich neu schaffende Sein. Das Leben. Man will ja früher oder später aussteigen und nach Hause finden. Aber wieso nicht über die Lust, wage ich zu fragen? Zu Hause kennt man die Lust nicht? Das wage ich zu bezweifeln. Wahrscheinlich nämlich ist das zu Hause die pure Lust oder etwas noch viel Lustvolleres als das. Das ewige Glück wartet auf uns alle und wie könnte das nicht lustvoll sein ? Ich denke, ich werde die Lust des Lebens leben und dann in Ruhe meinen Frieden haben, wenn die Lust gegangen ist. Der Eros ist ewig im Menschen. Von Klein an ist er gesetzt und verfolgt dich bis ins hohe Alter. Solange das Leben währt, währt auch der Eros. Und wenn du nach Hause willst, dann nimm ruhig den Weg über die Lust, aber vergiss die Liebe nicht.

26.

Der große Sinn. Logos. Tao. Wie nannte man noch den Schöpfer der Welt? Allah, Jehova, Ahura Mazda, Jupiter oder Ra. Was war das alles, beziehungsweise, wieso so viele Namen für ein und dasselbe? Jede Zeit braucht anscheinend einen gewissen Namen, den die temporäre Zeit bereit ist zu schlucken. Was wenn man es einfach Liebe nennen würde? Was ist Liebe könnte man zu Recht fragen? Ich würde sagen Liebe sei Annahme. So angenommen zu sein wie man ist. Ohne wenn und aber. Das heißt bedingungslos. Nach dem suchen die Menschen seit sie aus dem Paradies ausgestoßen wurden. Sie suchen nach dem uranfänglichen Seinsmodus. Sie suchen nach dem Leben, dass sie einst hatten. Die Suche nach dem Paradies. Es gibt heute noch Völker oder Stämme, deren archaische Religion sie dazu antreiben nach dem Paradies zu suchen. Zu wandern, aufzubrechen und den Ort zu wechseln bis sie endlich das Paradies im Diesseits gefunden haben werden. Dieses Volk heißt Guarani und ist in Südamerika anzutreffen. Sogesehen ist der Wunsch nach Erlösung und der Wunsch das Paradies zu finden oder wie ich es ausdrückte „nach Hause zu kommen" ein natürlicher den Menschen vertrauter Wunsch. Seit Urzeiten. Seit der Zeit als Adam und Eva das Reich der Tiere verließen und die Zivilisation gründeten. An den Guarani aber sieht man, dass dieses Paradies hier zu finden sein muss.

Es muss im Irdischen erreichbar sein. Die Harmonie nach der uns immer sehnte ist hier zu finden. Oder wie Jesus sagte: Gottes Himmel ist mitten unter Euch. Wie aber ist das zu verstehen? Wie findet man den Himmel mitten in sich?

Lange wirst du suchen ähnlich oder unähnlich dem Stamm der Guarani. Du wirst meditieren und beten und kontemplieren. Du wirst singen und tanzen und lachen. Du wirst den Namen Gottes finden und sogar diesen wirst du singen dürfen. Dann werden sich langsam, sehr langsam Dinge für dich erreichen lassen, von denen du niemals geträumt zu haben gemocht hast. Vielleicht wird es dir gelingen nach Hause zu kommen oder das Paradies zu erreichen. Wenn nicht diesesmal, dann eben später.

27.

Zweifel kommen hin und wieder. Zweifel ob der gesamten glaubhaften Realität. Ob der Geschichtlichkeit und der Herkunft. So fragte ich mich gestern, ob nicht vielleicht doch der Mensch das Erzeugnis Außerirdischer gewesen sei? Ob der große Erich von Däniken nicht doch mehr ist als ein großer Spinner und die eschtologische Hoffnung der Völker und dem Glauben an die Wiederkunft des Messias nicht mehr ist als die Rückkehr der „Marsmännchen" ist? Ob nicht vielleicht die Menschheit das Experiment dieser erlauchten „Gottheiten" ist? Nicht mehr als das?

Der Evolutionstheorie habe ich noch niemals getraut. Trotzdem begibt man sich, wenn man diese Frage anschneidet, auf das Gebiet der Spekulation und nicht verifizierbarer Ideologien. Und selbst wenn es so wäre, dann hätten diese vermeintlichen Außerirdischen wahrscheinlich auch einen Kult, eine Ethik, und ein Höchstes, das wiederum sie verehren. Eine Religiösität und eine Philosophie nach der sie sich das Entstehen ihrer Kultur erklären und von der sie sich abhängig machen. Der Mensch als Gottes Ebenbild oder Lieblingsgeschöpf jedoch tritt bei solchen Überlegungen in den Hintergrund. Und das endgültige Eintreffen der Außerirdischen wird von Sehern erst in Jahrtausenden erwartet. Was auch immer auf die Menschheit zukommen wird und wie und ob es weitergehen wird, weiß zuletzt nur der Herr allein und natürlich der Wächter. Nach allem hin und her der letzten 24 Stunden konnte mein Glaube doch nicht ernsthaft erschüttert werden. Ich bleibe auf meinem Weg, auf dem Weg mit dem Wächter. Ich habe um Antworten gebeten und ich werde Antworten erhalten. Manchesmal muß man eben standhaft sein und über gewisse Durststrecken hinweg auf dem Weg bleiben. Bis man wieder zu einer Quelle gelangt und sich stärken und ausruhen darf. Der Weg bleibt spannend. Das Leben ist spannend. Doch dann irgendwann hast du genug. Auch wenn es noch lang nicht das Ende deines Lebens ist, bist du doch und bleibst du doch auf dem Weg nach Haus.

28.

Vieles ist geschehen. Du bist reich beschenkt
worden und trotzdem will dich niemand sehen. Du
führst eine minimale Existenz und hast gerade
genug zum Leben. Wie könnte sich das allein vom
Gesetz her von heute auf morgen ändern? Du hast
alles gegeben und dich ausgezogen bis aufs letzte
Hemd. Du stehst im Wald, nackt, wie Sterntaler.
Doch der Talerregen wie im Märchen bleibt aus.
Was hast du falsch gemacht? Du liebst diesen
Archetyp Sterntaler und es war immer dein
Lieblingsmärchen. Wenn ein Leben lange auf der
Stelle tritt, dann ändert sich meist eben auch nichts.
Du greifst nach den Sternen, du verlangst viel und
willst das Hohe erreichen. Langsam geht dir auf,
dass dies alles Teil einer Lektion ist. Teil deiner
Lektion. Sicher: du hast dir nichts vorzuwerfen. Rein
gar nichts. Vielleicht auch wollten dich höhere
Entitäten schützen in all den Jahren. Vielleicht auch
ist das Zeitalter viel zu bronzisch. Doch all das kann
es nicht sein. Immerhin ist dir der Wächter begegnet
und du arbeitest an dir selbst. Du baust stetig das
ab, was du dir über die Jahrtausende aufgeladen
hast. Oft schon dachtest du nun endlich belohnt
werden zu müssen für all dein Rackern und Mühen.
Der Weg ist weit und anscheinend hast du noch zu
viele Kleider an, wo du da im Wald stehst. Du musst
dich noch mehr erniedrigen und noch mehr
ausziehen. Nur wer alles von sich gibt, kann alles

erlangen. Das muss doch die Botschaft des Märchens Sterntaler sein oder?

Wahrscheinlich bist du noch zu sehr an deinem Ego verhaftet. Bist zu sehr in deine Eitelkeit verliebt und willst die Ehre dieser Welt erreichen, ohne darüber nachzudenken, dass die Erfüllung deines Wunsches nur in ein anderes Level führen würde. Wir alle leben in gewissen Leveln, Stufen, Seinsstufen. Eine gemeistert, folgt die nächste. Unendliches Treiben auf dem Weg der Galaxien? Glaube ich nicht. Du wirst weiter an dir selbst arbeiten müssen und am Schluss wird fast der Absender nicht mehr zu erkennen sein. Das ist die große Transformation des Lebens. Mal bist du Tiger, mal Giraffe, dann Elefant und zuletzt der Phönix. Dann wirst du über den Dingen dieser irdischen Welten kreisen und erhaben auf dein Tun zurückblicken. Du bist endlich frei. Du bist nicht mehr involviert. Losgelöst. Dann ist der Zeitpunkt für den Goldregen da. Und dann ist das nicht mehr so wichtig.

29.

Wußtest du schon, dass jeder nur sein Bestes tut? Der Mann, der den Staat regiert, der Zahnarzt, der Heiler, die Frau, die ihre Kinder erzieht, der Mann, der die Straßen fegt...jeder tut sein Bestes. Selbst der, der seine Aufgabe lustlos erfüllt oder nur tut, weil er überleben will. Jeder macht genau das, was er macht, so, dass er in jedem Moment das Beste daraus macht. Das ist das uralte Gesetz der Wirtschaftlichkeit.

Hinzu kommt, dass jeder sein Ding macht. Es gibt Umwege, die dich auf eine falsche Fährte bringen, es gibt Abwege, die deinen Weg gefährden, es gibt Zuwege, die deinen Weg verlängern. Aber zum Schluss wird jeder auf das zurückgeworfen, was sein Ding ist. Das, was ihm bestimmt ist. Und das ist die Aufgabe des Menschen. Bestimmungslos nannten ihn einige Philosophen. Aber mehr und mehr kommt ans Licht, dass der Mensch Bestimmungen unterliegt, wenn sie auch temporär variabel sein mögen. Komischerweise hat jeder seinen ganz bestimmten Platz und trägt zur Gesamtheit des Kunstwerks Menschheit immer wieder bei. Ich habe das Leben die große TRANSFORMATION genannt. Man könnte auch sagen Metamorphose. Es ist ein Leben der Wandlungen und auf dem Weg von Versuch, Irrtum oder Treffer ändert der Mensch sein Weltbild wieder und wieder. Man versucht das, was trägt. Man verinnerlicht ein gewisses Bild der Welt und tauscht es mit anderen Menschen aus. Aus der Tatsache, dass sich jeder selbst sein Bild macht, entstehen in der Tat sehr viele unterschiedliche Weltbilder. Philosophen haben das Konstruktivismus genannt. Wahrscheinlich weil sich jeder sein eigenes Bild konstruiert hat und anscheinend vom anderen unabhängige Erfahrungen sammelt. Trotzdem kann man sagen, dass es Typen von Weltbildern gibt. Realistische, verträumte, phantasievolle, stark religiöse und fest sozial eingebundene. Desweiteren natürlich ist eine weitere Aufspaltung bis ins Unendliche möglich. Da aber trotz allem

Kommunikation möglich ist, und ein Verstehen der fast gleichen Kategorien zustande kommt, muss es ja doch so etwas wie einen Grundkanon der Menschen geben. Einen allgemeinen Konsens, der kulturübergreifend zutreffend ist und der den Kern des Menschsein ausmacht. Ich nehme stark an, dass es unter anderem an dem Gesetz der Wirtschaftlichkeit liegt, dass wir Menschen den anderen verstehen. Wir wissen, jeder macht das, was der Moment für ihn hergibt und jeder erfährt das Menschsein durch die Tätigkeit, die er ausführt. Wir alle unterliegen dem Gesetz der Handlung. Wir wissen, dass wir handeln müssen.

Kann es sein, dass dieses Grundmerkmal eine Voraussetzung für das Verstehen des Anderen ist? Handeln, das zu dem führt, was Versuch, Irrtum und Treffer aus uns machen und immer wieder erneut machen. Unser Bild der Welt formt sich erneut und wieder aus unserem Tun. Eines Tages jedoch sind wir müde geworden und versteifen unsere Sicht...die Transformation findet zwar kein Ende, aber es dauert länger. Der Mensch ist alt geworden. Nicht zwingend. Das kann dir in jedem Alter passieren. Du musst nämlich nur den Entschluss fassen, dein Objektiv zu schließen. Dies sei gar niemanden zu raten, niemals und nicht. Denn ein festbetonierter Geist, ein einbetonierter Verstand und ein Bild von der Welt, das nicht aus den Fugen geraten kann, wird sich nicht öffnen für die Weisungen eines Wächters. Der Wächter jedoch wird dir begegnen und du wirst anklopfen, dann wenn es an der Zeit ist. Wieder einmal wirst du für die Taten, deine vergangenen Taten belohnt werden. Nichts war umsonst und das Gesetz der Wirtschaftlichkeit hat dich zu diesem Punkt gebracht, dass du endlich bereit bist für eine offene Sicht der Dinge und der Welt. Dein Tun wird fortan in einem neuen Rahmen sich gestalten und deine Sicht wird sich von der planetaren, galaktischen und kosmischen Sicht zu einer theologischen Sicht leiten. Lange hast du auf diesen Moment gewartet. Vielleicht Jahrtausende, vielleicht länger. Doch all das war gut. Denn es war die immerwährende Wirtschaftlichkeit deiner Leben. Und nun freust du dich auf den Weg zurück.

30.

Alle gucken sie cool aus der Wäsche. Machst du die Zeitung auf und siehst dir die Stars an: alle gucken sie cool. Was heißt cool? Wahrscheinlich abgeklärt, überlegen und selbstbewusst. Natürlich möchte jeder cool sein. Will auch so cool sein, wie die großen Stars. Zudem ist es in der Tat so, dass wir im „Kamerazeitalter" leben. Jeder verhält sich so, als würde gerade ein Film von ihm gedreht. Natürlich ist das lächerlich. Und in der Tat, ich revidiere mein Diktum. Nicht jeder will das imitieren. Manche sind halt echt. So wie sie sind. Und versuchen auch gar nicht so zu sein, wie diese großen Stars. Sie haben es sich abgeschminkt und wollen jeglicher Imitation entkommen. Es sind die innengeleiteten Menschen.

Diese, die um ihr selbst wissen und um der Vergänglichkeit von Äußerlichkeiten und Coolness. Das heißt nicht, dass sie keinen Wert auf ihr Äußeres legen würden und nicht auch mal ganz gerne cool tun, aber sie wissen um die Momenthaftigkeit des Augenblicks und sogar um die Schwierigkeiten der Stars. Denn wenn du einmal ein Star bist, reich und berühmt, dann willst du immer nur noch berühmter und noch reicher werden. Das sind die sogenannten Levels von denen ich schon einmal sprach. Berühmte Persönlichkeiten, die diesen Stars auf den Zahn fühlen, wissen um die Leere, die sie immer wieder umfängt. Die Leere, die über sie kommt, wenn sie in Hollywood einsam und allein in ihrer Villa sitzen. Die Angst und die Gewissheit, dass man sich preisgegeben hat, um den Preis seiner Intimsphäre. Ein großer Lama sprach von diesen Problemen dieser Reichen und Schönen vor einiger Zeit sehr offen vor Publikum. Nun, wir wollen nicht alle ein Star werden, natürlich wenn man Kind ist, dann will man immer der Star sein. Später als Erwachsener nimmt man langsam davon Abstand und man will in Ruhe gelassen werden. Außerdem hat man seinen ganz persönlichen Planet Hollywood mit all den Familienangelegenheiten, die es tagtäglich zu bewältigen gibt. Es gibt zudem Wichtigeres als sich unablässig Angst machen zu lassen vom Jugendkult und dem Postulat endlich auch so cool zu sein wie die aus der Zeitung!
Wir alle sind auf der Suche, wo immer und wie. Wieder und wieder haben wir die Chance den Weg zu finden und damit den Wächter. Und was spielt all

diese idiotische Menschelei noch für eine Rolle, wenn du sowieso dabei bist Abschied zu nehmen? Du wirst dich erheben über all die Coolness deiner Zeitgenossen und du wirst mehr und mehr zu einem innengeleiteten Menschen werden. Du wirst Ruhe und Frieden im Inneren durch Meditation und Kontemplation gewinnen. Etwas, was dir keiner mehr nehmen kann. Du wirst regelrecht süchtig nach der Transzendenz. Und dann spielt die Eitelkeit der Eitlen und deine eigene Eitelkeit nicht mehr eine so große Rolle. Du wirst dir den Wandelbarkeiten des Universums und deiner Selbst bewußt und erkennst, dass nur eines frei und ewig an dir ist: Deine Seele.

31.

Was ist Arroganz? Ein französisches Wort, was soviel wie eingebildet bedeutet. Anmaßend, hochmütig. Wer ist arrogant? Ein Doktor der Physik, ein Aristokrat, ein Millionär? Kann sein, ist aber nicht zwingend. Auch ein kleines sogenanntes Niemand kann und darf arrogant sein. Arroganz hat noch niemand gut getan oder genützt. Wenngleich ein bißchen Arroganz und dabei die Möglichkeit trotzdem offen für andere und Neues zu sein auch noch keinem geschadet hat. Ich nannte das mal: arrogant und offen. Indes bildet sich ja jeder und jedermann auf irgendetwas was ein. Jeder hat einen gewissen Stolz, den er mit sich herum schleppt, und der gebührend präsentiert wird, wenn sich die richtige Gelegenheit dazu bieten sollte. Bei aller Arroganz sollte man nicht vergessen, dass man es tagtäglich mit Menschen zu tun hat, die genauso unter den Bedingungen des Seins gelitten haben und den Strapazen des Lebens ausgesetzt sind, wie man selbst. Man kann nicht sagen: ich aber bin nicht behindert, oder ich aber bin gebildet, oder ich aber bin Mediziner. Ich gebe zu ein wenig Intelligenz ist von nöten, aber wieso sollte man sich auf seinen Status was einbilden. Wieso überhaupt sollte man sich auf irgendwas etwas einbilden? Einbildung ist nämlich so etwas wie eine unsichtbare Inbesitznahme. Ein sich klammern an ein gewisses Konstrukt seiner selbst. Ob es dann auch wirklich der Wahrheit entspricht mag mal dahingestellt sein, aber man sollte lernen sich auch von sich selbst kritisch zu distanzieren. Aber ich mag keine Ratschläge geben noch geben wollen.

Trotzdem sollte man sich mal klarmachen, woran man persönlich hängt und was man nicht doch abgeben könnte. Ich zum Beispiel bilde mir was auf meine Bibliothek ein. Ich liebe Bücher und kaufe stets neue oder lasse sie mir schenken. Bildung ist für mich Lebensaufgabe auf dem Weg des stetigen Werdens. Das ist Teil der Transformation. Man formt sich ein Bild und formt sich dann wiederum ein neues. So geht das immer wieder weiter und es bleibt niemals gleich. Aber was nützt mir meine große Bildung, wenn mir ob meines ganzen Intellekts doch nicht eine große Herzensgabe übriggeblieben wäre? So betrachtet, kann eine gewisse Arroganz immer dann nicht von all zu großem Schaden sein, wenn man ein großes Herz besitzt. Was soll es schon? Arroganz wird dir immer begegnen, sei es dass Reiter auf ihrem hohen Ross sitzen und dich nicht grüßen wollen, sei es, dass dich jemand spüren läßt, dass du ein Mensch zweiter oder dritter Klasse seist. Du musst aus dir selbst wissen, dass dir soetwas nichts anhaben kann. Denn du bist der, der du bist und durch nichts und niemanden zu bedrohen. Das ist die Höhe deiner Seele, die dich qualifiziert ein Leben nach deinen Möglichkeiten zu führen. Das ist die einzige Arroganz, die überhaupt zuträglich oder erträglich ist, weil sie den Respekt für jedes Leben miteinschließt. Wir alle sind. Das aber allein zu erkennen, ist von hohem Wert, aber für etwaige Arroganz ist in diesem Zusammenhang kein Platz.

32.

Wieviele Menschenkinder müssen tagtäglich tatsächlich verhungern? Was können wir dagegen tun? Geht uns das etwas an? Machen wir uns schuldig am tausendfachen Tod immer und immer wieder? Sind wir nicht die Mörder dieser Kinder, wenn wir uns um nichts kümmern als unsere eigenen Probleme? Geht es um eine kollektive Schuld ? Sind wir nicht besser als all die großen Völkermörder vergangener Epochen?
Gut, man kann sagen: jeder wird in gewisse Umstände hineingeboren und das entspricht einfach seinem Karma. Aber macht man es sich damit nicht

etwas zu einfach. Da kämpfen die Menschen um ihr schlichtes Überleben oder um sauberes Wasser, und wir hier kämpfen für unsere finanzielle Freiheit, für einen Cabriolet oder ein schönes Häuschen mit Pool. Wir kommen mal wieder zu den Leveln. Jeder meistert seine Ebene. Und nur der, der in den gehobenen Ebenen sich befindet kann auch tun und lassen was er will. Hat auf jeden Fall mehr Freiheit. Eine ungerechte Welt und der Nährboden für den Terror gegen den Staatsterror der mächtigsten Staaten dieser Welt. Durchaus verständlich aus der Sicht derer, die nichts mehr zu verlieren haben, als ihr eigenes Leben. Und ich dachte immer: jeder Kontinent hätte sein Wasser und seine sanitären Einrichtungen. Aber die Mehrzahl der Menschheit lebt in ganz ärmlichen Verhältnissen und da wäre selbst ich ein reicher Mann mit einem Dach über dem Kopf oder einer funktionierenden Dusche.

Jeder mag seines Glückes Schmied sein, aber was wenn du niemals eine Chance erhälst, um überhaupt das schaffen zu können, was dir bestimmt ist?

Wie entkommen wir diesem großen Dilemma?

Spenden geben, wo man doch selbst nichts hat?

Patenschaften für Kinder übernehmen und Eltern werden für die, die nie eine Chance hatten?

Vielleicht ist das der Weg. Auch eine weitere Möglichkeit diese verlorenen Menschen aufzuklären und einen Weg zu zeigen, wie sie nach Hause kommen. Es kann aber sein, dass es dafür zu früh ist. Es kann sein, dass sie noch lange Zeit brauchen, um das zu erreichen, was wir erreicht haben.

Das könnte grobe Arroganz unserer erlauchten, ja auserwählten Situation sein. Aber es ist eben auch nicht ganz wahr, dass keiner was für seine Herkunft kann. Die Herkunft und das Los was man trägt hat man sich ausgesucht, um diese oder jene ganz bestimmte Erfahrung zu machen. Trotzdem ist es ein Zeichen unserer Verantwortung dem Leben gegenüber zu helfen, wo Not am Mann ist, einfach um auch Respekt vor uns selbst zurückzugewinnen und eine Welt für Menschen lebens und liebenswerter zu machen.

33.

Kann es sein, dass wir suchen? Kann es sein, dass wir einst finden? Streben, sich bemühen und doch endlich belohnt werden. Das ist, was jeder will. Achte auf die Zeichen deiner Zeit und du wirst sicher sein, dass das, was du lange schon wünschtest, in Erfüllung gehen wird.
Auf ein Mal wird es Zeit für dich und Zeit den Wächter zu finden. Zeit nach all deiner Zeit in den Zeitaltern. Alt bist du geworden, nicht an Leib sondern an Seele. Es ist Zeit für den Heimweg. Klar, dass dich Ängst überkommen und du dich mit einer ungewohnten Situation anfreunden musst. Klar, dass du an alten Gewohnheiten noch lange festhälst und das Neue sich nur langsam Platz verschafft. Es ist deine Sendung den Menschen zu erlösen und zum Wächter zu bringen. Das verschafft dir Frieden und Glückseligkeit. Dein Tun ist es, das die Welt erlöst und zum Höheren führt. Du wirst sehen, wer bereit ist und wer noch nicht. Alles und jedes hat ein Recht

darauf. Doch einmal ist es zu früh und einmal vielleicht schon zu spät. Viele Wege führen zu Gott wurde uns früher gesagt. Und ich glaube, dass das zu einem gewissen Teil auch so stimmt. Man wird dich an den Früchten deines Lebens messen werden. Dann, wenn der große Unterschied sichtbar wird. Dann, wenn die Leute fragen: Wie ist das denn geworden? Woher nimmst du die Macht und vor allem deine Autorität? Nicht leicht zu beantworten, wirst du entgegnen und dann ist immer noch der Weg für die nicht gemacht, die harren in der Hoffnung und in der Versteifung ihrer Systeme. Jeder und jedem so, wie er es braucht. Klar ist nicht, ob du selbst auf dem Weg bleibst oder du dich anderen Systemen hingibst. Nur Gott und der Wächter selbst wissen bereits ob du standhaft bleiben sollst oder den Weg des Rades wieder und wieder gehen sollst. Du hast gesucht, lange und inständig und eine Lösung gefunden, die trägt und dich erfüllt. Wie könntest du es jemals aufgeben sollen? Du freust dich ob der neugefundenen Wirklichkeit und bist erfüllt vom heiligen Geist, der dich treibt und treibt und dich umfängt und dich liebt. Das Leben wird zum Triumph. Nur darfst du nicht vergessen, wem du zu danken hast.

34.

Dies ist eine patriachale Gesellschaft und eine Ellenbogensozietät. Eine interessengeleitete Welt. War die Welt doch nur der Wille zur Macht und nichts außerdem? Hatte Nietzsche es doch richtig und trifftig formuliert? Das konnte und durfte nicht wahr sein. Mir war es eben nicht bestimmt ein großer Wirtschaftsboss zu werden oder mächtig und gierig zu sein. Und trotzdem war auch ich profitorientiert. Es blieb der einzig hoffnungsvolle Gedanke, dass man es bald geschafft haben würde. Dass man sich endlich von diesem Sein verabschieden würde und in Ruhe gelassen würde. Mit Würde und Frieden wirst du bestückt sein und du wirst endlich lassen vom Leben. Vielleicht aber war ich auch nicht erfüllt und sowieso frustriert mehr als alles andere.

Vielleicht war es mir nicht bestimmt so zu leben wie andere, vielleicht war es mir vorbehalten den Denker zu mimen. Aber bei aller denkerischen Leistung, ich war nicht zufrieden mit meinem Schicksal. Arbeit als Ablenkungsmanöver war schlecht und nicht geeignet für mich und trieb mich eher noch mehr in Abseits. Was mir fehlte war ein Forum, eine Arena für mein Tun. Der große Regenbogentänzer, der nicht tanzen konnte, weil kein Regenbogen entstanden war. Für mich gab es nichts mehr, was mich retten konnte außer natürlich dem Wächter. So sprach ich verzweifelt: Wächter, bitte rette mich, bevor ich zu Grunde gehe. Ob das nun etwas nützen, und die Betonung lag auf „nützen", würde, musste sich erst noch zeigen.

Wille zur Macht, kam es mir wieder in den Sinn. Wo hatte der große Philosoph dabei das Licht, die Liebe und den Ton gelassen? Mein liebes Ego wollte auch an die Macht. Denn wozu sonst war es auf Erden? Um sich zertreten zu lassen? Um sang und klanglos in der Galaxie zu verklingen?

Es musste eine Wendung her. Aber woher sollte sie kommen? Woher sollte sie genommen werden? Auf was sollte sie fußen? Aus Nichts kam bekanntlich nur Nichts. Also musste ein Etwas her, etwas, was mir helfen sollte mein Schicksal zu wenden. Ich hoffte auf den Wächter. Aber zuletzt musste ich mir selbst helfen. Der große Regenbogentänzer musste einen Weg finden endlich geliebt zu sein.

35.

Meditation nähert dich dem Grund. Manch einer sagt, es gebe halt keine Abkürzung. Ein anderer sagt es gebe nunmal den Wächter. Mischt man Formen, so mischt man und verliert die Gradlinigkeit des Weges. Doch, was ist, wenn es sich gut für mich anfühlt? Was wenn ich kein Problem mit Jesus habe oder mit Krishna? Was, wenn die Meditation mich den inneren Frieden erfahren läßt?
Ich denke, dass es in Ordnung ist, weil es sich gut anfühlt. Der Wächter wird kein Problem damit haben. Am besten wirst du ihn fragen und er wird antworten. Viele Wege zu Gott sind viele zuviel. Ein Weg zu Gott ist wenig, aber es ist dein Weg. Du bestimmst, du gehst ihn. Du bist dem Wächter dankbar, dankbar für all das was schon eingetreten ist. Just heute Nacht warst du an einem großen Meer. Die Brandung rauschte, die Möwen riefen. Du bekommst eine Ahnung des Todes. Und es verliert sich die Angst. Plötzlich träumt dir von einem vergangenen

Leben und du willst es gar nicht wissen. Es ist zu grausam, so brutal und abstoßend. Warst du das? Bist du das? Jetzt ist ein andermal und man lebt in einem zivilisierten Zeitalter. Du wirst wissen, wann und wenn es an der Zeit ist. Du vernimmst den Ruf von höheren Wesenheiten, endlich vom Wächter persönlich. Mehr und mehr wird dein Glaube zu einem subjektiven Wissen. Ein Wissen, das dich stark werden läßt. Ein Wisen, das dich gleichgültiger nicht grausam werden läßt. Ein Wissen, dass du hier bist, um deinen Plan zu erfüllen ohne wenn und aber. Jetzt ist der Weg da und du gehst ihn, ob du nun schon mal meditierst oder nur das tust, was scheinbar vorgeschrieben ist... du wirst es ausprobieren und das was trägt wirst du kultivieren. Das ist der Weg. Versuch, Irrtum oder Treffer. Und der Wächter wacht über dein Werden.

36.

Denkst du vielleicht es wäre an der Zeit. An der Zeit für einen Wandel. Nur mußt du selbst für diesen Wandel sorgen. Aus Nichts folgt bekanntlich nur Nichts. Zeit für Vergebung. Zeit um zu verzeihen. Nimm dir einen ruhigen Moment in deinem Alltag und lass dich nieder. Vergib allen. Allen voran dir selbst. Sprich es aus. Du verzeihst allen, sogar deinen ärgsten Feinden. Plötzlich erkennst du, dass diese ärgsten Feinde nur ein Spiegel deiner eigenen Verurteilung waren. Ein Spiegel deiner Selbst. Plötzlich wird sich einiges für dich auflösen. Und du wirst umgeben sein von mehr Erfolg und kleinen Wundern, die in dein Leben treten. Feinde von einst begegnen dir unerwartet und scheinbar zufällig auf dem Weg zum Supermarkt. Und was gewesen ist, verfliegt. Das ist keine Technik, die ich erfunden habe. Sie ist alt und bekannt. Trotzdem mache ich sie hier nochmals öffentlich. Jesus sprach schon von der Schuldvergebung und unseren Schuldnern im Vater unser vor 2000 Jahren. Aber das reicht nicht. Man muss diese Übung machen. Sich hinsetzen und es aussprechen, es annehmen und integrieren. Tu es! Es ist sehr sehr befreiend und wird dir helfen auf dem Weg nach Hause.

37.

Neue Wege sollst du gehen! Warum nicht schon viel früher als jetzt? Aber du mußtest die ganze Zeit eben warten und dich damit zufrieden geben, was noch da war. Du hast es jetzt hinter dir gelassen und dann war es auch endlich an der Zeit, dass der Wächter in dein Leben treten konnte. Viele Jahre zuvor hattest du Bekanntschaft mit einem Meister auf der Traumebene gemacht. Doch du hattest diesen für Gott gehalten. Dankbar bist du nun und du siehst zurück auf den Weg den du schon gegangen bist. Ein Freund sagt dir Jesus habe gesagt, sie sollen an ihren Früchten gemessen werden. Ja, er hat Recht und es ist dein gutes Recht, das zu erlangen wonach du so lange gestrebt hast. Sicher, ich sprach davon, das es nicht mehr so wichtig ist. Aber was, wenn es dein Weg ist und dir zuletzt so bestimmt ist? Es ist nicht mehr so, so wichtig, und trotzdem musst du deinen Plan erfüllen. Es gibt kein Entweichen und du schäumst über voll Charme und Ausstrahlung. Du bist das Licht der Welt und tatsächlich deine Wegbegleiter merken, dass du auf dem richtigen Weg bist.

Der Wächter ist bei dir, immer und stetig, und du weißt um seine Führung und den sicheren Weg, den du gehen wirst und den du schon gehst. Trotzdem, es bleibt spannend und sogar anstrengend, es wird nichts verschenkt und du musst kämpfen und spielen und tanzen und lachen. Das ist dein Weg und eine uralte Freundin hat dir diesen Weg ermöglicht. Schade, dass sie es nicht mehr miterleben konnte, wie du auf ihren Weg, auf deinen Weg gestoßen bist. Aber das alles sollte so sein und du bist froh, ihr begegnet zu sein. Du hast ihr auch längst verziehen, dass sie dich zurückgelassen hat und sie schon wieder in der Transzendenz ist. Friede sei mit dir, sprichst du und sicher ist, dass du einen Weg gewählt hast, der kein leichter ist. Früchte müssen natürlich her, nicht um die Wahrheit zu beweisen oder um dich vor dir selbst zu bestätigen, nein, nur darum, um dir eine Freude zu bereiten und das Leben endlich genießen zu können. Lange Jahre hattest du nicht viel von der Lebensfreude, wenn überhaupt. Gerade ums Überleben ging es und nun kannst du aus dem Vollen schöpfen. Der Weg ist noch lange nicht gemacht, aber du bist auf dem Weg. Und der Wächter ist dein Wegbegleiter, auf dem Weg nach Haus.

38.

Es stellt sich die Frage nach dem Sein. Was soll das
Sein sein? Was ist Sein, was ist Schein? Sein
könnte Substanz sein, aber andere behaupten oder
sagen, Substanz sei Maya, also Illusion. Nun gut,
wenn die seiende Sache, die Substanz Schein ist,
was hat dann noch Sein und Wert? Wo und wie
wollen wir einen festen Punkt kreieren an dem wir
uns festhalten können?
Sagen wir Licht. Sagen wir Liebe. Sagen wir Klang.
Sagen wir das habe Substanz und wirkliches Sein.
Aber es gibt auch Schatten, Dunkelheit, Hass und
Stille. Polaritäten hat der Mensch erschaffen, um das
Dasein zu katalogisieren. Sicher mag es das alte Yin
und Yang Zeichen geben, aber man vergaß, dass es
auf einem Kreis abgebildet ist. Zuletzt ist alles nur
Eins. Einheit und intergalaktische Kommunikation.
Kommen wir zurück zur Sache, zum Sein. Licht als
Sein also. Sind wir denn Licht? Wir Menschen? Ich
denke ja! Wir leuchten zwar nicht gerade in der
Dunkelheit, aber wenn man sich anstrengt, dann
wird man das Licht der Menschen sogar im Dunklen
sehen. Das Leuchten ihrer Seelen. Ihrer Ewigkeit. So
haben wir einen festen Punkt gefunden. In jedem
lebenden Menschen oder sogar in jeder lebenden
Kreatur. Wir alle sind Seele. Betrachte dein
Gegenüber als das, was es ist. Nicht mehr und nicht
weniger. Nur der Wächter selbst als Seelenformation
hat eine Ahnung und ein Wissen von allen seienden
Seelen in der Universen. Also vom wirklichen Sein

des Seienden. Und wenn du dich als Seele erkennst und begreifst, dann wird es auch bald Zeit für dich und deine Begegnung mit dem Wächter.

39.

Man denkt, dass das Leben lange auf der Stelle getreten hat. Man denkt es müsse sich etwas ändern. Man hofft, dass sich etwas ändern wird. Aber leider gibt es keine Revolution, leider tritt das Leben weiter ziemlich ratlos auf der Stelle. Wenn du keine Richtung angibst, wer soll sie dann angeben? Ein Universum dessen Bestimmung ungewiß ist, treibt sinnlos in alle Ewigkeit dahin. Man muss selbst die Richtung angeben. Aber du weißt längst, was du willst und auch wo es dich hinleiten soll, aber trotzdem trittst du auf der Stelle. Du hast längst den Wächter um Hilfe gebeten aber auch er ist dir nicht zu Hilfe gekommen. Zweifel überkamen dich plötzlich ob der Richtigkeit deines eingeschlagenen Weges und ob der Erlösung. Doch das ist die normale Prüfung, der jedermann unterworfen ist. Und wenn du endlich weißt, wo es lang gehen soll und du weißt, dass es deine Aufgabe ist, das durchzustehen, dann ist plötzlich Licht da, nach einem langen Tunnel in der Dunkelheit. Das Licht am Ende des Tunnels ist das Licht der Welt und das Licht Gottes. Wenn doch jetzt nur der Wächter käme, denkst du. Doch dann ist es nicht nötig und du gehst zufriedener deinen Weg als vorher. Wenn du jetzt aufgibst, dann ist alles dahin. Dahin, dahin,

dahin, und du bist wieder mitten drinnen in der Suche nach Licht und Liebe. Du musst ganz auf dich vertrauen und auf den Wächter. Den Rest erledigt dann das Universum.

40.

Ich denke in diesen Tagen über die Geschehnisse meiner Vergangenheit nach. Über große Fügungen und wundersame Begegnungen mit einer alten weisen Dame. Es war mir so bestimmt, vielleicht schon lange bevor ich denken konnte und es geschah aus dem einfachen Grunde der notwendigen Zuwendung Gottes in mein Leben. Heute blicke ich zurück voller Dankbarkeit und Frieden. Endlich habe ich meinen eigenen Frieden gefunden in einer aufregenden und zerstörerischen Welt. Es ist kein Geheimnis, die alte Dame war der Wind der Sonne, den ich Katinka getauft hatte. Als ich sie kennenlernte, war sie schon dabei Abschied zu nehmen und im Grunde genommen schritt sie damals schon unaufhaltsam dem Ende ihres jetzigen Lebens entgegen. Ihr war es bestimmt gewesen mich mit dem Wächter bekannt zu machen. Doch es blieb für sie ein unbefriedigendes Unterfangen und ein fast aussichtsloser Kampf. Erst als sie schon Monate von dieser Erde scheinbar getilgt war, habe ich mich aufgemacht und tatsächlich zum ersten Mal seit langer Zeit den Wächter aufgesucht. Der Wind der Sonne war so schnell verschwunden und auf eine für zart beseitete Menschen grausame Art und

Weise, die mich sowieso zweifeln ließ an der Gesamtheit von Reinkarnation und Karma. Wo war die große Bewußtheit dieser intelligenten alten Dame geblieben, wo war ihre Kämpfernatur und wem sollte ich jetzt meine Liebe geben, denn ich hatte sie geschätzt und verehrt. Ein letzter Kuss besiegelte unser Zusammensein und nur einmal ist sie mir wie versprochen dann nochmal im Traum begegnet. Er war sehr wirklich dieser Traum. Wir saßen gemeinsam im Cafe, vertraut wie eh und jeh und sie bestaunte mein neues Buch und war zufrieden. Wir verabschiedeten uns in Frieden, wie alte Freunde, die wir nunmal auch waren und auch bleiben werden. Ich realisierte im Traum, dass sie gar nicht an Krebs gestorben war, sondern lebte in vollen Zügen und das machte mich so glücklich. Der Wind der Sonne lebte. Das war mir klar, als ich aufwachte und ich war so glücklich darüber. Ich weiß, dass sie über mein Werden wacht. Sie wacht und bewacht mich von der anderen Seite aus. Wir sind alte, uralte Weggefährten und da ich ihr versprochen habe noch ein Weilchen zu bleiben, sehen wir uns erst später wieder. Ich weiß, dass sie mich eines Tages empfangen wird. Sie wartet auf mich. Aber sie drängt auch nicht. Vielleicht sehen wir uns auch noch diesesmal wieder, wer weiß? Der Wind der Sonne hat mich auf meinen wächterischen Weg gebracht. Das war das beste was mir jemals passieren konnte. Zum Schluss bleibt uns nur der Dank.

41.

So was passiert nicht alle Tage. Man kriegt einen Blick auf die höheren Sphären. Warum nicht? Es ist alles gut, und man braucht die Astrologen nicht. Man beginnt und macht alles im Namen Gottes. Und man wird geliebt von Gott selbst und vom König der Könige.

Das tut einfach gut und ist es nicht unser aller Wunsch wirklich geliebt zu sein?

Ist es nicht unser aller Wunsch so genommen zu werden, wie wir nunmal sind? Und das ist Genugtuung und Erfolg auf anderen Ebenen. Vorbei das Elend dieser Tage, es ruft die Heimat und dir schmerzt die Stirn. Endlich geht es heimwärts. Wie lange hattest du vergeblich darauf gewartet und jetzt ist alles plötzlich sehr, sehr einfach. Der Wächter nimmt dich an der Hand und sagt einfach: Alles wird, du wirst sehen. Er sagt es ohne zu sprechen und trotzdem verstehst du ihn. Und dazu hörst du die Musik, ausgerechnet auch noch deine eigene Musik. Sie muss ihm wohl gefallen, oder Gott persönlich hat Gefallen an ihr. Du bist zuversichtlich, dass alles ins Lot kommt. Wie könnte es anders sein und du hast gelitten in all dieser Zeit und jetzt ist fast alles gleichgültig. Der Segen kommt über dich und du bist bereit, auch zu verzichten auf das Plaisir des Irdischen, denn der Nektar des Jenseits übersteigt alle Freuden, die man sich vorstellen kann. Endlich, wenngleich noch ein weiter Weg, ein ganzes Leben, aber das ist es wert.

42.

Ausgerechnet Segnungen sollen dir zu Teil werden.
Du hast dich entschlossen deine Segnungen zu
zählen, über sie zu schreiben und sie damit
festzuhalten. Du hast dir ein kleines Tagebuch
angelegt und hast es das Buch deiner Segnungen
genannt. Aller Anfang ist schwer. Und nun beginnst
du zu differenzieren. Was wäre passiert ohne all das
was passiert ist, und was ist nur mit dem Weg in
Verbindung zu bringen, den du vor einiger Zeit
eingeschlagen hast? Ja, eine alte Bekannte und
Freundin begegnet dir in der Stadt, eine Tramperin
winkt dir zu und du nimmst sie mit. Immerhin ein
Anfang. Trotzdem bist du nicht gerade überwältigt
von der ganzen Sache. Trotzdem musst du den Weg
weiter gehen und kontemplieren und singen. Du hast
Jahre gesucht und wahrhaftig gesucht und nun: es
kann sich nicht von heute auf morgen wenden. Alles
braucht seine Zeit. Ein langsames Wachsen der
Segnungen wird kommen und weder dich noch
deine Umwelt überfordern. Der Anfang ist gemacht.
Der Wächter ist eingeladen. Immerhin bist du bereit
für all das was da kommen mag. Ich denke mein
Leben hat lange nur so auf der Stelle getreten, ich
sprach schon davon. Aber wer in aller Welt soll mir
noch kommen und mir Angst machen? Bedrohbar,
ignorierend, zerstörend? Nein, alles ist gangbar. So
hast du dir erhofft, dass endlich einmal auch dein
Leben in der Traurigkeit ein Ende nehmen würde.
Und siehe da, es kommt eine Therapie für dich in

Sicht. Vielleicht nur vertane Hoffnung mehr, aber wer weiß, einmal muss ja was klappen.

Das Schicksal als Chance sehen, das wollte man uns doch immer verkaufen oder? Gut, man kann das beste draus machen, aber was wenn gar nichts zu machen ist? Ist das nicht ein Hohn für all die, die all ihre Träume und Hoffnungen verloren haben? Ich aber glaube, dass es für jedes Problem eine Lösung, zumindestens eine Lösung gibt wenn nicht viele mehr. Und damit gibt es auch auf dem Planeten für jede Krankheit eine Heilung. Das ist schwer zu verstehen, das ist zugegeben. Denn was sagst du einem todkranken Mann, wenn nicht, dass er seinen Frieden haben soll? Manchmal ist es zu spät für die Heilung, manchmal „tötet" das Problem den Menschen, aber immer wird es einen Weg für den geben, der glaubt, dass es einen Weg geben wird. Einmal auch ist der Weg einfach mit dem Problem zu leben und es zu verdauen. Sich damit zu arrangieren. Denken sie mal, jemand ist schwer krank. Ein Arzt sagt diesem Jemand er müsse nun sein Leben lang Medikamente zu sich nehmen. Dieser Jemand aber gibt sich damit nicht zufrieden und sucht und sucht und sucht.

Bis er zum Wächter kommt und sich plötzlich ungeahnte Heilungschancen für ihn auftun. Er hatte fast schon geglaubt, dass er ein Mensch zweiter Klasse sei und immer weiter diese Pillen nehmen müsste. Doch dann legte er die Krankheit ab wie ein Mensch, der abends seine Kleider auszieht. Das war eine der sehr großen Segnungen, die Jemand genossen hatte auf dem Weg mit dem Wächter. Eine große Erfahrung und damit ein großes

Glücksgefühl überkamen diesen Jemand. Und zum Schluss war es Dankbarkeit.

43.

Was ist sie, unsere Existenz? Eine Begleiterscheiung? Ein großer Witz? Bitterer Ernst oder doch nur das Spiel eines Bestimmten? Mir kamen solche Überlegungen in Anbetracht der Existenz, die ein paar wenige von uns führen müssen. Hilflos und angekettet überleben sie die Tage und kommen niemals zu dem, was das Menschsein ausmacht. Ich meine pflegebedürftige, behinderte Menschen. Menschen, denen manche Menschen das Menschsein absprechen würden. Ich überlegte mir in diesen Tagen bei so einer pflegebedürftigen Person zu arbeiten. Aber überdies war ich überaus schockiert von so einem Fall des Menschseins. Wie nur konnte man in so eine missliche Lage geraten und was in aller Welt sollte man daraus lernen? Ich muss sagen: dieses Häufchen Elend war dermaßen arm dran, dass meine eigenen Existenzprobleme weit, weit in den Hintergrund traten. Die Lust war mir sogar vergangen und Spaß hatte sich seit dem nicht mehr eingestellt. Lächerlich unbedeutend kamen mir all die alltäglichen Probleme und Wehwehchen meiner Zeitgenossen vor. Und das beste war: Die Person selbst wollte mit allem Kämpfergeist das Beste aus ihrer Situation machen. Das war verwunderlich. Und wenn ich nur lernen sollte, was die Herren des

Karma alles für einen arrangieren konnten, wenn sie wollten, dann wurde es plötzlich still um mich. Der Wächter hatte es wohl für mich arrangiert und so machte ich weiter auf dem Weg der Ewigkeit. Gut war, dass in der Tat eigenes Leiden dahinschmolz und man wieder normaler wurde bei allem Frust, der sich angesammelt hatte. Ob ich aber diesen Job jemals machen würde, darüber war ich mir noch nicht im Klaren. Wahrscheinlich war ich nicht stark genug dazu. Wahrscheinlich würde ich psychisch, emotional unter so einer „Beziehung" sehr leiden. Abwarten musste man. Vielleicht aber war es auch ein große, sehr große Chance, zu lernen das Leben endlich zu lieben.

Sicher war aber in jedem Fall, dass ich persönlich noch sehr viel von diesem Menschen lernen konnte. Die große Schule des Lebens schien es für mich manifestiert zu haben. Und bei allem Geldverdienen, ging es mir vor allem auch um die Person, den Menschen. Ich wollte diesem Lebenden ein gutes Gefühl vermitteln. Ich glaubte fast nicht daran, dass sich solche Menschen wirklich freuen könnten noch so etwas wie Glück empfinden könnten. Deshalb war es auch angeraten darüber nachzudenken, ob man ihnen den Status eines Menschseins geben konnte oder nur den eines Lebewesens. Ich hoffte, dass der Wächter über allem wachen würde und ich endlich eine gute Grundlage für meine hadernde Existenz finden sollte.

44.

Der Weg war da. Wenn auch noch lang oder wie
immer nicht klar war, wie es laufen würde. Die Götter
hatten entschieden und mir ein Leben in der
Einsamkeit bestimmt. Ob das sich wenden würde,
hing zum einen an mir selbst zum anderen am
Schicksal. Wenn ich auch viel gelitten hatte, so war
mein Bewußtsein in den letzten Tagen transformiert
worden, ob der Möglichkeit einer so minimalen
Existenz eines Menschen, dass mir das eigene
Leiden nicht mehr so wichtig vorkam. Sicher war da
immer noch die Last des Lebens, die Last die jeder
zu tragen hat. Aber anders wollte man es ja auch
nicht. Meine Freunde schwiegen und ich machte
mich bereit einen anderen Weg zu gehen als das
Gros der Gesamtheit. Es träumte mir zwar hin und
wieder noch vom Glück, aber ich war skeptisch
geworden, ob überhaupt jemals hier jemand
glücklich gewesen war. Ich für meinen Teil dankte
meinen Leben als eine großartige Erfahrung auf dem
Weg der Transformation. Als eine dankbare
Gegebenheit, als ein Leben in dem man bezahlen
durfte für was immer man in früheren Leben
angestellt haben mochte. Mein Weg hatte mich nun
auch endlich zu einem Erlöser geführt, an den ich
glaubte und dem ich mein Leben anvertrauen durfte.
Manchmal fragte mich ein Freund oder ich mich
selbst, ob ich denn nicht stark genug sei zu einem
Absurdicon, also zum selbstbestimmten Atheismus.
Das war natürlich eine Frage der Stärke oder aber

auch nur eine Frage der Schwäche. Es kam auf den Betrachtungswinkel an. Ich konnte nur so wie ich konnte. Und ob es jetzt Ichschwäche war oder doch eigentliche Stärke und Seelenreife, das konnte man vom menschlichen Standpunkt aus nicht so recht entscheiden. Es war so, dass mir die Gewissheit mit dem Wächter unterwegs zu sein eine dermaßen hohe Kraft, Authenzität und Autorität gab, dass ich für mich wusste, dass der eingeschlagene Weg richtig sein musste. Auch meine Erlebnisse mit dem Ton und dem Licht der göttlichen Welten, die zwar subjektiv waren, aber für mich eine tiefe, echte Wahrheit darstellten, bestärkten mich auf meinen wächterischen Weg. Keiner konnte soetwas herbeizaubern und wie sollte man es sich erklären, wenn es nicht doch die Wahrheit schlechthin war? Es war soviel geschehen seit diesem Tag X und soviel mehr wartete darauf entdeckt zu werden. Einmal sollte jeder groß werden. Einmal sollte jeder zu einem Stern werden. Der Wind des Lebens würde sich legen und tatsächlich würde so eine Art Triumph wirklich werden. Darauf hatte man Jahrtausende gewartet und hingearbeitet. Aber von Rache konnte und durfte man nicht mehr sprechen und zum Schluss waren weltliche Dinge nicht mehr gefragt. Das war die Ironie des Abschieds. Ich hoffte für meinen Teil, dass ich vielen, vielen Menschen vom Wächter erzählen dürfte. Denn allein das war ein großer Segen. Man musste eben aberteuerlich und kühn sein, oder aber einfach verrückt genug um all die Widersprüchlichkeiten des Wächters auszuhalten. Und zuletzt war es der Weg raus, der Weg nach Hause.

45.

Am Ende war es das Nichts, das uns geboren hat.
Traum und Wirklichkeit verschwimmen zu einem
undurchsichtigen Dschungel. Was ich im Traum
erlebt habe, ist wirklich passiert. Das ist eine andere,
neuere Sichtweise auf dem Weg mit dem Wächter.
Ein Unfall im Traum und ich brauch in der
Wirklichkeit keinen Unfall mehr zu bauen.
So einfach? So einfach! So gesehen kann einem
nun sehr viel passieren und es passiert einem doch
nichts. Das Nichts hat uns geboren wie gesagt und
das vor langer Zeit. Eine Freundin versprach immer
bei mir zu sein; ich versprach es einer Tierseele. Das
sind doch gewisse Bedingungen an die man sich
knüpft. Aber zuletzt bleibt es offen. Offen bleibt, wo
wir bleiben und ob wir mit demjenigen sein können
und dürfen, dem wir es versprochen hatten. Der
Traum vom großen Geld und davon geliebt zu sein.
Den haben, könnte man sagen alle Menschen.
Zumindest hier in der 1. Welt. Doch was bleibt von
einer solchen Existenz übrig, wenn nicht nur ein
anspruchliches Traumleben. Meistens bleibt es doch
im Unwirklichen und wenn, dann wird man leicht so
dermaßen anspruchlich, dass einem der Spaß am
Leben verloren gehen kann. Man muss auch schon
mal zufrieden sein mit dem, was man hat. Nicht,
dass man nicht nach mehr träumen dürfte aber du
findest das Glück auch im Jetzt. Gestern traf ich eine
alte Frau im Wald, sagte „Hallo" und ging weiter. Ich
fragte mich einen Moment später, was diese Frau

noch vom Leben zu erwarten hatte? Wovon träumte es ihr noch? Was wollte sie noch erreichen? Man muss objektiv sagen, dass alte Menschen zwar immer noch Gestaltungsmöglichkeiten ihres Seins besitzen aber je mehr Jahre ins Land ziehen, um so mehr Transzendenz an Möglichkeiten verliert das Leben. Immer weniger wird möglich und zuletzt bleibt nur der Schritt in die wirkliche Transzendenz. Ich bin jetzt immerhin schon über Dreißig. Sicher träumt es mir immer noch von internationaler Karriere und einer wirklichen ertragreichen Künstlerexistenz. Wenn diese Existenz auch schon hin und wieder in meinen Traumwirklichkeiten vorkommt, so möchte ich doch gerne, dass sie doch auch immanent wirklich wird. Ich gebe zu, ich freue mich auf meine Maximalexistenz auch wenn ich derzeit eine Minimalexistenz führe. Was ich mache, um es umzusetzen könnte man fragen? Handeln, visualisieren und affirmieren. Das hilft, auch wenn es oft nur ein Tropfen auf den heißen Stein ist. Ein neuer Weg, der wächterisch ist, lenkt meine Begierden auf eine ganz andere Art des Lebens. Auf transzendente Momente des Lebens, die im Diesseits schon erlebbar sind. Seit ich mit dem Wächter unterwegs bin, ist im Inneren und Äußeren soviel Gutes und Wundersames passiert, dass sich endlich langsam Glück einstellt. Kein irdisches Glück und kein vergängliches Glück, sondern göttlliches Glück. Der Weg nach Hause hat begonnen und vieles werde ich noch aufgeben müssen, um die Prüfungen zu bestehen. Doch der Traum eines Lebens hat sich gewandelt in einen Traum des

Abschieds vom Leben. Wenn du es nur schaffen könntest, sprichst du zu dir selbst. Diesmal auszusteigen und Heim zu kommen. Das ist fast alles, was übrig bleibt vom Leben. Wieder und wieder nämlich glaubst du, dass du da warst und auf das Sein zurückgerufen wurdest, dass du Baby und Schulkind und Teenager warst, Student, Familien und Häuserbauer. Aber diesmal küsst dich die Sonne und der Wächter ruft deinen Namen und du gehst mit erhobenem Haupt und schaust auf das Menschsein und die Sozietäten aus der höheren Perspektive herab. Du willst dienen und helfen und Gottes Mitarbeiter sein und dabei helfen die Menschen nach Hause zu führen. Das ist der Ruf Gottes zu den Waffen der Liebe, die niemals Waffen sind und doch sehr wirksam sind. Der Traum eines Lebens ist der Weg raus, der Weg nach Hause.

46.

Was soll man noch schreiben? Was soll man noch sagen? Dass man enttäuscht wurde? Dass einem vermeintliche Freunde den Garaus machen? Dass man verdammt nochmal frustriert worden ist? Dass man keine Perspektive mehr hat und den Weg aufgeben will ? Nein, jetzt erst recht. Jetzt habe ich mir geschworen weiter zu kämpfen bis 40, bis 50, bis 60. Dann reicht es auch und ich werde mich wieder unter die Lebenden begeben und endlich doch gewonnen haben oder aufgegeben haben. Vielleicht war es gut gemeint und nicht wirklich gut. Vielleicht war aber auch alles nur so gemacht, damit man lernen konnte, damit man sich verschwenden konnte, damit man den Weg bestehen sollte. Der Wächter ruft und ich werde ihm folgen. Warum auch sollte ich mich einem anderen Weg hingeben, wenn es doch der Weg nunmal ist, der einzige Weg. Früher war ich gegenüber solcherlei Aussagen skeptisch. Doch jetzt weiß ich um den Weg des Ewigen und um die Wahrheit der wächterischen Aussagen. Vielleicht war alles nur gemacht, damit wir endlich endlich Heim finden sollten.

Wie sehr wünsche ich mir die Liebe zu einem weiblichen Wesen. Nur um meinen Gott besser lieben zu können. Um zu projezieren, um zu erleben, was es heißt, selbst geliebt zu sein. Zum Schluss wollten wir doch alle nur geliebt werden und so angenommen werden, wie wir nunmal sind. Dann war alles eben doch nur ein Spiegel deines eigenen Inneren und deiner Selbst. Du solltest das erfahren, was dir begegnete und daran lernen, dass deine Umwelt genau das machte, was du selbst noch zu lernen hattest. Alle Menschen hatten ihren Weg zu gehen und kein Schicksal war so viel sehr einfacher als das andere. Vielleicht auch war alles Glück der Welt nur die Illusion eines niederen Gottes, vielleicht gab es das Glück nachdem uns alle suchte nicht einmal in irgendeiner erdenklichen Form. Das Glück war woanders findbar. Aber leider nicht hier. Das ist schlecht gedacht, könnte man meinen, das sei eine Lüge und ein Bestrafung der hoffenden Kinder der Menschen. Aber andrerseits musst du wissen, dass du das Glück, dass du immer gesucht hast nur in höheren Sphären finden kannst. Dass du den Weg gehen musst, und dass du unverletzbar und unbezwingbar bleiben musst und immer und immer wieder alles das, was du getan hast aufs neue verbrennen musst.

Du singst den großen Namen des EINEN und EWIGEN und du wirst das tun und so leiden, wie es dir bestimmt ist. Irgendwann wird dich das Licht und der Ton küssen und dann wirst du bereit sein alles aufzugeben, weil es der bessere Tausch ist, der Tausch zu einem Wirklicheren, zu einem Echteren und dem wahren Glück.

47.

Alles Glück der Welt liegt in der Liebe. Wilhelm Reich hoffte auf einen neurosefreien Menschen bei Erfüllung der sexuellen Wünsche. Aber das ist natürlich kurz gesprochen. Was ist Liebe? Kann man sie fassen? Ich würde sagen eine Sehnsucht nach Vereinigung. Ganz vom sexuellen kann ich mich nicht losmachen und dennoch gibt es auch die Bruderliebe, die Mutterliebe und einfache Freundlichkeit. Die Liebe ist ein weites Feld und du sollst sie hier auf Erden finden, um eine Liebe zu deinem Gott erlebbar zu machen. Indem du einen Menschen so liebst, wie du ihn nur lieben kannst, beginnst du auch Gott zu lieben. Das ist eine einfache Rechnung könnte man sagen, aber so ist es nunmal. Liebe ist mehr als Erotik. Aber ein gewisser Teil an Sinnlichkeit gehört einfach dazu.

Was wenn ein Mann einen starken Sexualtrieb hat?
Viele Männer müssen oft nur der Diktatur ihres
Sexualinstinktes folgen. Das ist vielleicht ein wenig
platt aber welcher Philosoph hat schon von der
Diktatur des Triebes der Männer geschrieben?
Warum nur stirbt die Menschheit denn auch niemals
aus und geht es immer wieder weiter? Weil sich
immer wieder zwei Dumme finden, die sich lieben?
Oder aber, ist es doch mehr, die Liebe zum Leben
und die Liebe selbst?
Kann denn Sexualität nur der Fortpflanzung dienen
oder ist es nicht auch eine Bindungsvariante, die
sich da behauptet? Männer sind oft die Sklaven ihrer
Triebe. Entschuldigung, ich wollte niemand zu nahe
treten. Aber ist es nicht erstaunlich, wie der Mann
immer wieder der Diktatur seines Besten folgen
muss und die Frauen glücklich macht oder auch
nicht?
Man verzeihe mir, dass ich den Mut hatte darüber zu
schreiben. Zu viele Jahrhunderte ist nur die hohe
Geistlichkeit zum Zuge gekommen und die
erlauchten Philosophen haben anscheinend an den
Realitäten vorbei geguckt.
Die Lust sollst du lassen meint der Wächter. Gut,
verständlich, denn sie treibt dich doch immer nur
wieder auf die Existenz zurück. Auf die Inkarnation
und das Leben. Vielleicht aber auch musstest du
solange ein Leben ohne Liebe führen, um alte Liebe
zu verdauen und zu verbrennen. Gerne würdest du
dich einer neuen Liebe hingeben. Aber ob das
kommt oder nicht, liegt nicht nur an dir. Nein, es ist
auch eine Art von Bestimmung und Führung durch
das Universum. Eine Führung deines Gottes. Und du

sprichst: Bitte, mein Vater habe Erbarmen mit mir.
Den Glauben an einen Neubeginn hast du schon
fast aufgegeben. Doch dein Weg kommt, wie er
nunmal komen muss. Und zum Schluss wirst du
auch die Lust lassen. Wenn auch der Eros ewig im
Leben eine Rolle spielt, so wirst du dann doch einen
Weg finden, der dich erhabener und noch glücklicher
macht, als alle Lust dieser Welt. Deine große Reise
hat begonnen und das ist die Reise zum Zentrum
der Welt. Du lebst und trotzdem verabschiedest du
dich langsam und allmählich und trittst deine ersten
Schritte auf dem Weg nach Hause.

48.

Was wenn es deine Bestimmung ist nur zu warten?
Die Götter haben dir die Lektion Geduld bestimmt.
Patiencia. Vor langen Jahren einmal zogst du aus
einer Reihe von Karten, gerade diese Karte. Gelernt
hast du wohl in all der Zeit und gierig auf deine
Chance gewartet. Dich in Geduld geübt. Die Götter
hatten dir bestimmt 12 Jahre auszuharren und das
Leben nur durch eine fast nicht durchsichtige Brille
zu sehen. Manch einer sagt nun: Du bist einen
langen Weg gegangen mein Lieber, jetzt nur nicht
aufgeben, du stehst kurz vor dem Tag, den du immer
herbeigesehnt hast. Du bist solange in der
Dunkelheit marschiert und das letzte Stück musst du
jetzt auch noch gehen. Sei nicht unvernünftig.
Unternehme viel und doch nichts. Gehe weiter. Mach

es wie alle, die gegangen sind. Arbeite weiter. Doch verliere niemals die Richtung.

Interessanterweise hast du dich dem Leben hingegeben und einem Weg, den die Masse meidet. Du bist der Wanderer, der die Straßen geht, die sonst niemand geht. Einen Weiser siehst du stehen, unverrückt vor deinem Blick, eine Straße musst du gehen, die noch niemand, ging zurück.

Leider ist es ein Irrtum, zu glauben, dass jetzt alles wie am Schnürchen klappt. Nur weil der Wächter mit dir unterwegs ist. Du wirst erreichen, was dir bestimmt ist und alles zu seiner Zeit.

Du hast das Leben die große Transformation genannt und tatsächlich sagst du zu dir selbst: Ich bin bereit mich zu ändern. Hier und jetzt. Wenn eine Leben lange auf der Stelle tritt, dann ändert sich meistens nichts. Es geht eher einen Schritt zurück als nach vorne. Wie kommt das? Wie kann man das wenden? Es ist wie mit der Energie. Wo viel ist, kommt mehr hin. Wo nichts ist, kommt auch nichts dazu. Es ist das Gesetz der Anziehung und der Entsprechung. Nur wie könnte man seine eigene Energie erhöhen? Durch Gebet, Meditation, Kontemplation oder Gesang? Wohl möglich. Vor allem aber musst du den ersten Schritt im Namen deines Gottes machen. Einen Schritt, der dich auch physisch betrachtet deinem Ziel näher bringt. Du musst dich Schritt für Schritt hocharbeiten und Energie sammeln, für deinen Stern und deinen Tag X. Warten mussten viele. Manche ein Leben lang und zudem vergeblich. Gib dir eine Chance, eine Chance auf Heilung. Du hast es dir verdient. Genug gewartet in all der Zeit, gehofft und geharrt, vom

Schicksal geschlagen und verdammt und doch hast du das große Los gezogen. Das wird dir jetzt allmählich bewusst. Du bist bereit für einen langen Weg, einen Weg des Abschieds. Und du stehst am Fluss und bist der Sucher. Die Möwen rufen, die Wellen schlagen und der Wind rauscht. Stetig gestrebt und gestrebt, dann sollst du auch belohnt werden. Auf, nach dem Niemandsland, auf, nach dem Weg, der dich nach Hause bringt. Der Segen kommt und du bist endlich der Auserwählte. Gott ruft dich heim, doch du bleibst, um den Menschen eine Führung zu geben, um sie zu bezaubern und zu entzücken. Die Patiencia ist abgehakt. Und du bist jenseits der Welt auf dem Weg heim.

49.

Du lebst dein Leben. Du gehst deinen Weg. Nur fehlt es dir an Lebensfreude. Zu viele Ansprüche plagen dich auf deinem Weg. Obwohl du sehr genügsam zu sein scheinst, zumindest glaubst du das. Wenn jetzt keiner auf dich zukommt, dann wirst du es ad acta legen, für die nächsten Jahre. Was würde auch der Wächter sagen zu alldem? Du dachtest einmal, es sei eine Fügung des Wächters, ein gewisser Tag und Knotenpunkt in deinem Leben. Aber jetzt siehst du, dass es Verblendung und Einbildung gewesen ist und dass du den Weg gehen musst, der mühsam und anstrengend ist. Du musst eben bezahlen, diesmal und wenn es dir auch bestimmt ist einmal abzuräumen und groß zu sein, so musst du nun doch einsehen, dass du ein Sklave deiner eigenen Wunschprojektion bist und geworden bist. Rückzug, auch während einer Schlacht ist eben auch ein strategischer Schachzug und was immer dir bestimmt ist, wird ohnehin stattfinden. Nur kann man seine Bestimmung selber wählen, zumindest zu einem gewissen Prozentsatz. Es gibt gar kein Schicksal, sondern nur das, was wir draus machen. Und auf deinem Weg wirst du bleiben und dem Wächter die Treue halten. Sogesehen ist alles wieder in seiner alten Ordnung. Und du bist erleichtert wenn auch trotzdem erschwert, ob der Notwendigkeit deine Last zu tragen. Eine Hoffnung bleibt dir und das ist der Weg nach Hause. Was macht all das Leid der Welt, wenn du doch heim kommen sollst? Du nimmst es auf dich, du trägst es, geduldig und irgendwann wirst du über deine eigens aufgestelllten Fallen lachen, lachen müssen und zum Schluss wird dich die Freiheit küssen. Sie ist kein leeres Wort, sie ist keine Vision, sondern sie ist wirklich erfahrbar. Du gehst deinen Weg und er führt dich Heim. Das ist die einzige und vielversprechendste Wendung in deinem heldenhaften Leben und die beste Belohnung, die man sich nur vorstellen kann.

Teil II

Skepsis: Die Zeit der Zweifel

50.

Was sind die Träume für dich? Nicht die Träume, die dein Leben bestimmen, sondern die Träume, die du Nachts hast. Sind sie etwa das Tor zu einer anderen, höheren Welt, oder doch nur das Kaugummi, dass tagsüber nicht erledigt worden ist? Ich kann mir nicht helfen, aber irgendwie glaube ich nicht daran, dass in den Träumen eine große Wahrheit steckt, oder ein großes Erfahrungsfeld. Sicher, manchmal sind sie schon toll und überwältigend zugleich, aber zuletzt sind sie mir doch nicht mehr oder eher weniger als das Tagesbewusstsein. Trotzdem bleibe ich auf dem wächterischen Weg und vielleicht wird sich mein Träumen auch ändern, vielleicht wird sich sogar meine Einstellung zu den Träumen ändern. Aber es ist schon ein bedeutender Haken an dieser ganzen Geschichte mit den Träumen. Sicher: Traum und Realität verschwimmen; das ist ein alter Gedanke meiner Selbst. Und wenn Paulus sagt, das was du jetzt erlebst, wirst du noch viel klarer im Jenseits erleben, dann kann man annehmen, dass der Traum der Schritt in eine höhere Wirklichkeit ist. Aber leider träume ich zuviel Schrott, zuviel Mist, zuviel Blödsinn und ich erkenne bei weitem keine Struktur in der ganzen Sache. Auch ist es nicht weit hin mit einem sogenannten Sinn und selbst wenn sich manchesmal ein Sinn für mich erschließt, ist mir die Sache doch nicht ganz geheuer. Ein wichtiger Punkt ist das mit meinen Träumen. Ich hoffe nur es vertrübt mir nicht den Weg, den ich angetreten habe vor einiger Zeit. Ich bin bereit, auch zu lernen und mich zu verändern und zu verwandeln. Ein entscheidender Widerspruch zum wächterischen Weg. Ich hoffe der Wächter selbst wird es mir austreiben. Andrerseits ist das mit den Träumen eine gute Sache, denke ich plötzlich. Ganz ohne Widerspüche wird es sowieso niemals ablaufen. Man muss eben die Bereitschaft mitbringen, sich zu ändern. Und dann irgendwann wird es auch mit den Träumen klappen. Selten allerdings träume ich von einem ausgereiften und sinnerfüllten Geschehen, aber vielleicht ist es auch an mir, zu lernen, diese Dinge richtig zu deuten. Zuletzt ist es kein Unterfangen, was mich abbringen könnte von meinem Weg. Viel eher ist es die allgemeine Situation, die mich hat zweifeln lassen. Mein verkorkstes Leben, meine große Pechsträhne und mein Leben als Unglück. Endlich aber auch habe ich für mich erkannt, was ich draus machen kann und was ich daraus lernen sollte. Jetzt habe ich begriffen, dass mein Leben gar nicht so verkorkst ist, wie es schien. Viel eher, trete ich bald eine Ausbildung an, die mich in den Möglichkeiten meiner Berufung weiterbringen wird. Es wird sicher nicht einfach aber ich bin bereit zu kämpfen. Zudem begleitet mich der Wächter und das Licht und der Ton Gottes. Endlich bin ich auf der Zielgeraden angelangt und jetzt muss ich nur noch weiterlaufen und den Sieg genießen. Das ist eine Bestimmung, die lange vor dir lag und die jetzt gelebt werden muss. Du hast es dir verdient. In langen Leben.

51.

Ein Leben ohne Liebe ist ein Leben ohne
Sinnhaftigkeit. Deshalb ist es dem Menschen
geboten zu lieben und Liebe zu erhalten. Liebe
macht Leben sinnvoll. Und dann ist plötzlich der
Wächter auch nicht mehr so wichtig. Du liebst
einfach und wirst geliebt. Und das ist Sinn. Und Sinn
ist Liebe und Liebe ist Sinn.

52.

Träume könnten auch das Tor zu einem höheren
Sein sein. Vielleicht auch weilt der Mensch nachts
ohne es zu wissen in höheren Welten. Sozusagen
hat er unwissentlich ein höheres Traumselbst, das
seinen physischen Körper träumt und für welches
das physische Sein eine unwirkliche Realität
darstellt. Der Mensch lernt mit seinem Geist die
Wirklichkeit zu materialisieren. So verstehe ich das
Vater Unser. Wie im Himmel so auf Erden. Wie im
Geist, so in Realiter. Damit wären wir beim alten
Idealismus. Und in der Tat: achtet man auf seine
Träume, dann zeigt sich, daß zwischen Traum und
dem Prozess die Wirklichkeit gemäß seines Geistes
zu materialisieren, eine Verbindung besteht. Wenn
wir das physiche Leben abgeschlossen haben,
werden wir uns der oft vergessenen
Traumwirklichkeiten besser erinnern. So
verschwimmt unser Traum und unser Leben zu

einem großen Traumgebilde. Es ist schon jetzt ein immerwährender Traum...

53.

Was mich stört an einigen religiösen Tendenzen und Ausrichtungen, ist diese Schuld und Schande Philosophie und diese sogenannte Karmalehre. Sicher wird man ernten, was man einst gesät hat. Aber man kann einem behinderten Menschen, der im Rollstuhl sitzt eben nicht damit trösten, dass er im letzten Leben soviel Mist gebaut hat und nun für seinen Mist bestraft wird.
Wir alle unterstehen dem Weltgesetz und keiner kann erklären warum der eine soviel leiden muss und der andere soviel Glück hat. Zum Schluss war das Leben eben eine Chance in der Körperlichkeit etwas zu realisieren und zu materialisieren. Der Geist materialisiert die Wirklichkeit und damit sind wir wieder beim alten Idealismus. Natürlich braucht man dafür weder einen Gott noch einen Wächter. Aber eventuell hat der, der solch einen Glauben hat einen gewissen psychologischen Vorteil auf seinem Weg und in seinem Leben auf dem Weg nach Hause.

54.

Jetzt ist ein neuer Anfang da. Ich weiß nicht mehr
was ich so recht vom wächterischen Weg halten soll.
Die Frage ist, ob es den Wächter trotzdem gibt und
immer gegeben hat ? Bin ich einem Konstrukt
aufgesessen und habe mich verloren in eine
Ideologie, die man, wenn man kritisch denken kann,
so auf jeden Fall nicht akzeptieren kann? Trotzdem
ist es gut einem lebenden Meister zu folgen. Es gibt
mir Sichererheit und Autorität. Ansonsten stünde ich
nackt da auf dem großen Feld der Welt. Aber durch
meine Transformation in den letzten Monaten und
überhaupt bin ich jetzt stark genug, um allein und
selbständig meinen Weg zu gehen. Ob wir wirklich
alle nach Hause kommen, das muss offen bleiben.
Wie gesagt, es könnte auch ein ersprießlicher
Schluss werden, denn zuletzt ist alles offen. Zuletzt
bist du nur dir selbst verpflichtet und vielleicht noch
Gott, wenn es den für dich gibt. Schade wäre es,
wenn man Gott nur erfunden hätte, damit die
Menschen einigermaßen die Gesetze einhalten.
Sicher aber ist für mich jedenfalls, dass es die
Transzendenz gibt, dass es Licht und Ton einer
höheren Macht gibt. Es ist viel passiert in meinem
Leben, seit ich mit dem Wächter unterwegs bin. Und
der Weg von Licht und Ton ist der uralte Weg zur
Welt Gottes, den Jesus gegangen ist, den andere
große Meister empfohlen haben, der sich in den
Volksliedern der Menschheit versteckt und der
unbestritten der Weg in die Seligkeit ist.

Doch das Glück, das mich über Nacht ergriff kam auf eine andere Art und Weise. Vielleicht muss jeder seinen Meister finden, vielleicht muss man lange und inständig suchen oder die Suche aufgeben und mit reinem Nichtstun mehr erreichen, als alle anderen. Jesus sagte, wer sein Leben retten will, der wird es verlieren. Tja, was soll das nun wieder heißen? Man kann sich als intelligenter Mensch nicht vorstellen, dass Sexualität nur zur Zeugung von Kindern gedacht war und ist. Da ist mehr, zumindest eine Bindungsvariante und noch viel mehr, wenn nicht etwas großes Heiliges. Zurück zum orthodoxen Glauben kann ich nicht, denn diese machen Rückschritte in Richtung Mittelalter und diskriminieren Homosexuelle und sogar ihre Getauften und selbst die Frauen. Wie kann man das überhaupt mitmachen. Es ist gut und ich bin auf dem Weg, habe mich entschlossen weiter voranzugehen und mich weiter zu transformieren. Wie gesagt es gibt den Wächter, den Meister zu einer jeden Zeit. Suche ihn und du sollst ihn finden. Suche ihn nicht, und du sollst ihn trotzdem finden. Lass die Liebe in dein Herz. Und versprüh dein Licht und deine Liebe an die Welt und deine Mitmenschen und Mitgeschöpfe. Das ist der einzige Schlüssel zum Himmelreich, den ich Jedem mit auf den Weg geben möchte. Liebe und tue was du willst, sagte der alte Augustinus. Möge uns die Macht gnädig sein und uns unseren Plan erfüllen lassen dürfen. Mögen Segen und Glück über die Menschheit kommen und möge jeder ein Recht haben nach einem kurzen oder langen Leben, nach Hause zu gehen. Keiner weiß, wo wir herkommen, keiner weiß, wo wir hingehen. Natürlich die eine ewige Materie, die sich wandelt bis zum Schluss, die eine ewige selbe Energie, die immer gleich bleibt und dennoch müssen wir nach vorne schauen und das erfüllen, wozu wir geboren sind. Dann wird es auch kein Problem sein, unserem Schöpfer gegenüberzutreten und wir werden nicht verloren gehen und immer seiend sein, auf dem Weg der großen Transformation.

55.

Ich bin erlöst. Endlich. Ich sage nur noch Danke und begreife allmählich, warum die Leute das Leben genießen, warum sie sich des Lebens freuen und freuen können. Das Glück ist eben doch erreichbar. Das Glück ist keine Illusion und auch du kannst es finden. Zuerst natürlich musst du dich von deinen Illusionen verabschieden und damit von deinen Krankheiten. Lass alles los und genieße das Hier und Jetzt. Dann fragst du dich, was das alles gewesen sein muss in den letzten Jahren und was du falsch gemacht hast, und wieso du nur so, so lange leiden musstest. Dann erkennst du, dass dir dein Glaube geholfen hat und doch ist es irgendwie mehr und doch ist es weil du glaubst, dass es ist. Du fragst dich ernsthaft ob du diese große Wendung dem Wächter zu verdanken hast und es könnte in der Tat so sein. Leider muss es offen bleiben und du gehst einen geteilten Weg. Das ist auch nicht so schlimm oder gar tragisch, denn du bist, der du bist.

98

Manch einer könnte sagen, das könne nur Gott von sich behaupten, aber du bist ein Teil seines großen Atems, seiner großen Liebe und jetzt weißt du endlich was es heißt zu lieben. Erstens guckst du in den Spiegel und siehst ein anderes Selbst, zweitens bist du nun dein anderes Selbst und drittens bist du nun du selbst. Du sprichst: Ich bin froh und heiter, Glück ist mein Begleiter.

Das klingt fast lächerlich für jemand, der es nicht versteht. Frage die Menschen auf der Straße, ob sie glücklich sind. Du wirst kaum jemand finden, der das bejahen kann. Die Menschen hier, kämpfen alle gegen Windmühlen! Ein unerbitterlicher Kampf gegen Windmühlen! Doch du hast erkannt, dass einzig und allein die Frage zählt, ob man selbst ein glückliches Leben führt oder nicht. Und diese Beurteilung liegt in der eigenen Hand. Du entscheidest, ob du dein Leben als erfolgreich und ertragreich ansiehst oder nicht. Am Ende deines Lebens zählt nur die Frage ob du glücklich warst oder ob du deine Zeit mit Ärger, Hass und Wut verbracht hast. Sicher auch das bleibt nicht aus, aber du musst den Weg finden. Wir alle sind auf der Suche nach dem Glück. Selten ist es fassbar, doch plötzlich ist es da....

56.

Ein Mensch stirbt. Ein vertrauter Mensch. Dachtest du vielleicht es wär ein Triumph geworden, so bist du jetzt nur wütend, dass er dich verlassen hat. Du stellst alles in Frage, den Sinn und den Rahmen, selbst überhaupt die Existenz der Transzendenz. Doch ein paar Tage später hast du dich wieder gefangen und der Glaube kehrt zurück. Jesus ist dir wiederbegegnet, mit dem Wächter hattest du vorübergehend gebrochen und bist auf Distanz gegangen. Wieso auch nicht, vielleicht ist Distanz im Augenblick das Beste. Du merkst, dass wenn es es nicht gut läuft, es meistens noch ein wenig schlechter läuft als du dachtest, dass es überhaupt noch schlechter gehen könnte. Aber dann fängt dich Gott auf. Sicher ist, dass wir alle einen Plan zu erfüllen haben in unserer Zeit und das tun wir ja auch alle. Aber das Leben ohne einen Rahmen ist absurd und das Universum ist nicht absurd, das Leben ist nicht absurd, denn das ist die Liebe und Sinn ist Liebe und Liebe ist Sinn. Sogesehen freue ich mich auf die Transzendenz, die mir heute Nacht begegnen wird, auf mein höheres Selbst, auf die Erhabenheit und Schönheit meiner Seele, die mir heut Nacht begegnen soll. Ich erwarte nichts und doch kann es immer passieren, dass es endlich wahr wird. Wo soll der Klang der Welten herkommen, wo soll das Licht der göttlichen Welten erscheinen, wenn nicht in Wirklichkeit in dir selbst ? Ein großer Bluff in einem Menschen, der meint, es könne eine höhere Wirklichkeit für den Menschen sein einfach so? Nein es ist zuviel geschehen auf dem Weg und auf dem Weg mit dem Wächter. Trotzdem ist Jesus wiedererstarkt und der Sohn Gottes ist jemand, der einen niemals belügt. Ganz objektiv gesehen muss nämlich viel von der wächterischen Philosophie zurechtgeschustert sein, damit man glaubt, was ein kritisch denkender Mensch nicht glauben darf. Wahrscheinlich muss die Entscheidung vertagt werden und Gott selbst will, dass ich mich wohl fühle auf meinen Weg allgemein. Trotzdem bin ich endlich bereit für die Transzendenz und die Wahrheit und Erhabenheit meiner Seele. Ich will es endlich wissen und wissen um mein Leben als Seele und wissen um die Wahrheit der Welt. Sicher ist, dass ich sehr ungeduldig bin aber auch leidenschaftlich strebend nach Liebe und Wahrheit. So bitte ich Jesus und den Wächter, die im Prinzip vom selben Verein sind, dass sie sich meiner erbarmen. So sollen sie mich retten und zum Leben führen, damit ich endlich leben werde.

57.

Was soll man machen, außer die Welt retten. Und wenn das nicht klappt, wenigstens glücklich sein. Frage dich: Was bedeutet Glück für dich? Einen Menschen haben, der dich liebt, einen Freund zu haben, ein Klavier zu haben, erfolgreich zu sein, kreativ zu sein und Gott in meinem Leben zu finden. Es sind diese sechs Qualitäten, die mich glücklich machen können, die mich glücklich machen. Und natürlich eine siebte: nämlich den Weg zu gehen, der mir bestimmt ist.

Ich habe um Klarheit gebeten auf meinem religiösen Weg. Der Weg mit dem Wächter ist fast zu Ende gegangen. So war es doch nicht die große Wende, von der ich immer geträumt hatte. Wieder bin ich auf der Suche. Aber doch ist der Weg des Lichtes und des Tones der richtige Weg, den alle Heiligen und Großen gegangen sind. Noch ist nichts entschieden und ich warte auf ein Wunder. Das habe ich mir verdient und so soll der kommen, der die wirkliche Autorität ist. Kein Geringerer, kein Größerer und wenn es ein Schlechter sein sollte, so werde ich ihn prüfen.

Muss es einen Wächter geben, zu jeder Zeit? Ist das nicht Blödsinn und nicht wirklich echt? Es wäre ja auch zu schön gewesen, wenn es so sein sollte. Jetzt muss ich die Stärke in mir selbst finden und stark genug sein, um den Weg zu gehen, den ich gehe. Gott ist nicht tot für mich und der Wächter ist kein Schlechter, noch nicht mal ein Betrüger, aber die Wahrheit liegt anderswo.

Vielleicht auch werden wir sie niemals erfahren und noch nicht einmal die Gerechtigkeit werden wir sehen dürfen. Was auch immmer, es wird spannend und damit können wir sicher sein, dass es sich doch gelohnt hat, zu leben und zu lieben und zu lachen und zu weinen und irgendwann in das verdiente Grab steigen. Die Straße ins Licht hat begonnen. Ein neuer Anfang ist da. Weil ich es für mich so entschieden habe. Das ist die Erhabenheit meiner Existenz und deshalb bin ich dankbar, mir und Gott meinem Vater.

Teil III

Astro-physikalische Chiffren

58.

Der Schlüssel zum Universum muss die Bewußtheit
sein.

59.

Alles geht da weiter, wo es aufgehört hat.

60.

Jeder Mensch erfährt, wenn er schläft den Zustand
der Traumlosigkeit. Ein gewisses Nichts, dass man
in Kauf nimmt, ohne sich sonderlich davor zu
ängstigen. Überträgt man dieses Chiffre auf das
Leben, dann könnte es sein, dass nach einem
gewissen Zustand, der sogenannten
Todeserfahrung, das Nichts folgt, was durch das
Ende der Hirnaktivitäten bestimmt ist. Nur ist die
Frage, ob dieses Nichts, nicht auch als der Zustand
der absoluten Bewußtheit definiert werden kann. Von
Logik kann man nicht sprechen, aber von einer
gewissen intuitiven Notwendigkeit. Das Bewußtsein
wird sich da wieder materialisieren, wo es aufgehört
hat. Diese Erkenntnis ist einem großen Denker
gekommen, kurz bevor er in die progressive
Paralyse verfiel. Du wirst dieses Leben wieder und

wieder leben müssen. Ein ewiger Kreislauf, den auch
ein Literat als Prozess chiffrierte. Die Frage ist nur:
kommt man irgendwie da raus?
Der Versuch da raus zu kommen ist nicht mit
einfachen Handeln möglich. Ein Beispiel: Jemand
versucht von der Erde wegzukommen und geht los.
Eines Tages kommt er am Ausgangspunkt wieder
an. Es dauert ein Zeit, bis er die Möglichkeit realisiert
mit einer Rakete aus diesem Dilemma zu
entkommen.
Das ist die Physis. Genauso ist es mit dem
Universum. Ein Trick könnte helfen. Nämlich unser
Bewußtsein. Bewußtsein kann sich schneller
bewegen als Licht. Denn das Licht braucht bis zum
Stern Alpha Centauri 25 000 Jahre, aber mein
Bewußtsein kann die Distanz in weniger als ein paar
Sekunden überbrücken. Es muss also eine Weg
raus geben und wir werden ihn finden. Ob wir dazu
einen Wächter brauchen oder nicht, muss sich erst
noch zeigen. Dem Kreis zu entkommen ist unser
aller Aufgabe.

61.

Ein inflationäres Universum ist keine Bedrohung.
Denn man überlege sich die Konstante Ewigkeit.
Ewigkeit ist nicht eine 10 mit 100 Nullen dran, auch
keine 10 mit 10 000 Nullen dran. Ewigkeit ist eben
einfach Ewigkeit. Und dann denke man sich eben ein
immer weiter expandierendes Universum. Und in der
Tat: wenn die Materie auf Grund der Tatsache der

ewigen Expansion immer weiter verdünnt wird, dann kommt irgendwann in der Unendlichkeit der Zustand zustande, dass die Gravitation keine Rolle mehr spielt. Dann wenn zum Beispiel ein Atom vom nächsten so weit enfernt ist, dass unser bekanntes physikalisches Universum nicht mehr existiert. Dann muss leider offen bleiben, wie sich dieses Atom verhalten wird. Möglich ist eine Selbstzerstörung oder ein neuer Anfang. Aus Nix, kommt Nix oder aber doch. Und was, was ist, wird auch nicht zu Nix oder aber doch. Denn die Konstante Ewigkeit kann das eben doch bewerkstelligen. 1: Unendlich = 0 Und Nichts, das ist dann das was übrig bleibt, könnte durch eine sagen wir mal Langeweile, die sich breit macht einen neuen Anfang wagen.
Und damit wären wir wieder beim Kreis.

62.

Jedes Teil und jedes Wesen hat einen ihm vorgegebenen Plan zu erfüllen. Die Erfüllung dieses Plans macht glücklich. Aber was ist diese Erfüllung mehr, als ein sich Drehen im sogenannten Kreis?

63.

Bewußtheit ist relativ und in jedem Falle subjektiv.
Zum Beispiel: Normal-Neurotiker stehen Autisten
gegenüber. Autisten können sich nicht verlieben und
verstehen auch keine Zweideutigkeiten. Geht man
weiter, hat man Subjektive wie Affen, Hunde,
Katzen, Mäuse oder Delphine. Welches Subjektiv
könnte da „objektiv" sein? Die objektive Perspektive
bleibt nur dem Nichts oder der absoluten
Bewußtheit vorbehalten.

64.

Begrenzung erfährt das Subjektiv durch Vorgaben
aus der Biologie und Soziologie. Ist deshalb denn
Jeder nur der Sklave seiner „Vorgaben"? Oder ist
trotzdem eine Entwicklung möglich? Man bedenke,
dass trotz aller Einschränkungen und Grenzen in
unserem Handeln und Denken eine Entwicklung
möglich bleiben muss. Alles andere wäre lächerlich.
Weil, wenn das Ziel die große Transformation ist und
damit die Steigerung der Bewußtheit, dann bliebe
nichts übrig, als die Bestimmung das zu erreichen
oder nicht erreichen zu können. Und damit wären wir
hilflos wie eine Maschine dem oder dem ausgeliefert.
Deshalb muss es eine Möglichkeit geben sich über
diese Vorgaben zu emanzipieren.

65.

Alles hat Bewußtheit. Auch Materie. Besonders
Sterne und Planeten. Es gab Zeiten, wo der Mensch
die Sonne anbetete. Dann machte man sich nach
größeren, unabhängigeren Bewußtheiten auf.
Vielleicht betete man nun den Gott der Galaxis an.
Dann suchte man nach noch höheren Autoritäten.
Den Herrn der Welten. Nur, offen bleiben muss, ob
es nicht viele Universen z.b. gibt und es nicht da,
doch auch wieder eine größere Bewußtheit gibt, die
über diesem Höchsten noch drüber steht.

66.

Der alte dualistische Kampf. Zwischen Licht und
Dunkel. Zwischen Gut und Böse. Das Yin Zeichen,
indem sich das Yang wiederfindet, das Yang, indem
sich das Yin wiederfindet. Selbst wenn das Dunkel
siegt, wird es nicht ewig ohne Licht auskommen.
Schwarze Löcher verdunsten nämlich in der
Ewigkeit. Selbst wenn das Licht siegt, wird es nicht
ewig sein, denn irgendwann ist die Energie
aufgebraucht. Was aber wäre wenn man die
Polaritäten einfach aufgeben würde und sich das
Ganze als Eines vorstellen würde? Man würde
einfach sagen: Alles ist Eins. Das Universum.

67.

Alles ist Chiffre. Spiegel über Spiegel. Das Große, das Kleinere, das noch Kleinere und das ganz Kleine. Wir, Spiegel dieses Ganzen. Das, was zum Beispiel einem Stern bestimmt ist, könnte auch einem Menschen bestimmt sein. Das, was dem Universum bestimmt ist, ist unsere Bestimmung. Ein Stern stirbt. Entweder wird er zum Neutronenstern oder zum Schwarzen Loch oder zum Nebel, der neues Leben hervorbringt. Keine von all diesen Variationen ist ewig. So geht es eben immer weiter. Und damit sind wir wieder im Kreis.

68.

Die Lösung wird man im Bewußtsein finden. Die Lösung wird neue Fragen aufwerfen. Es gibt wahrscheinlich gar keine Lösung. Das ist die Lösung. Sisiphos muss den Stein raufrollen und wieder runterpurzeln lassen. Immer wieder. Und immer wieder. Das ist das Schicksal des Menschen, der Sterne, des Universums. Aus Nix, kommt Nix oder eben doch. Was, was ist , wird auch nicht zu Nix oder eben doch. Denn die große Unbekannte, unvostellbare Größe der Ewigkeit macht es zuletzt doch möglich.

69.

Versprechungen über das Jenseits sind gut und
können Kraft fürs Leben und Überleben geben. Aber
sie sind nur subjektiv verifizierbar. Wahrheit ist
findbar, aber auch nur im Subjektiv. Heilung und
Frieden auch im Subjektiv. Seneca gab vor zu
wissen, dass man Gott nur in sich selbst finden
kann.
Der Friede ist in jedem Selbst findbar. Solange du
natürlich einen Wegweiser brauchst, brauchst du ihn
eben. Ein Wächter wird dir helfen deinen Weg zur
Bewußtheit zu gehen und wenn er der wirkliche
Wächter ist, dann wird er dich auch nicht
zurückhalten vor dem letzten Schritt, dem Schritt aus
dem Kreis hinaus.

70.

Transformation ist Pflicht. Oberste Pflicht ist zu
leben. Jeder formt sein Bild der Welt ständig neu.
Sicher ist noch nichts. Es bleibt spannend und selbst
wenn etwas sicher scheint, kann es schon bald
wieder unsicher sein. Auch die physikalischen
Gesetze können sich zu gegebener Zeit ändern.
So muss alles offen bleiben. Seinen Weg zum Heil
muss jeder Mensch selbst gehen. Seinen Weg aus
dem Kreis muss jeder Mensch selber finden. Man
kann vieles ausprobieren: Meditation, Sexualität,
Drogen, Essen, Atmung, Geld, Erkenntnis,

Philosophie, Mathematik, Religion, Gebet, Sport, Psychologie, Wissen, Partnerschaft um nur einige Wege zu bezeichnen.
Aber klar muss sein, dass der Weg aus dem Kreis in uns selbst findbar ist. Vielleicht kann uns der Wächter auf diesem Weg helfen. Aber das letzte Stück des Weges musst du selbst gehen.

71.

Es gibt eine Lösung des Rätsels. Sisiphos zieht weiter seine Bahnen. Und selbst, wenn er es schaffen würde raus zu kommen aus dem Kreis, wäre die Frage ob er sich nicht wieder in einem neuen Kreis wiederfinden würde. Man muss den Kreis mit Nichts multiplizieren um ins Nichts zu gelangen. Dann jedoch bist du wie Gott, das pure Potential. Das letzte Ziel auf dem Weg zur Bewußtheit, ist es so bewußt zu sein wie Gott, mit dem Absoluten zu verschmelzen. Das Absolute kann das Nichts sein, das Absolute kann das Große Bewußtsein sein. Dann kannst du entscheiden, ob du alles neu beginnst oder ob du dich zur Ruhe setzt. Du hast dir die Ruhe verdient, aber die Frage ist, ob dir die Ewigkeit nicht doch zu lang wird und du deshalb einen Schauplatz ins Leben rufen wirst, der dir die Zeit vertreibt.

72.

Nichts, Etwas und die Ewigkeit sind die drei schlicht unbegreifbaren und unvorstellbaren Variablen einer Rechnung, die es zu lösen gilt. Und in der Tat, sie machen das Unmögliche immer wieder möglich.

73.

Zum Schluss bleibt nur der Rat von mir, einfach ruhig zu bleiben. Cool zu bleiben, sagte man in meiner Jugend. Weil was sein wird, wird eben sein. Keiner kann es dir mit Hundertprozentiger Sicherheit sagen. Denn wenn das Subjekt stirbt, dann stirbt die gesamte Welt. Aber es bleibt Transformation. Wie auch immer.

74.

Schlüssel sind da. Und öffnen Türen. Türen führen in neue Räume oder ins Freie. Wo die Gefahr ist, da wächst das Rettende auch. Und das bleibt zutreffend. Und das Wort „bleiben" hat die gleiche Bedeutung wie Ewigkeit. Und damit bist du wieder im Kreis.

75.

Der Weg ist das Ziel. Besser über den Weg findest du zum Ziel. Das Ziel wirst du nicht erreichen, aber weil du ja die Ewigkeit Zeit hast, wirst du es unweigerlich doch erreichen. Paradoxon der Transformation und des Ziels.

76.

Wer hat das ausgeheckt? Wer wohl? Das NICHTS!

77.

Was ist schlimmer ? Ewig zu sein oder nicht mehr zu
sein ? Wahrscheinlich steht uns beides bevor.

78.

Nach Hause kommen ist das Ziel. Es wird in der
Unendlichkeit eintreten.

Teil IV

Die unendliche Geschichte oder Die Abrechnung

79.

Zeit gibt es im Nichts nicht. Weil ja nichts da ist, was
den Verlauf der Zeit definieren könnte, weil ja Zeit
definiert ist durch Bewegung. Durch sich
verändernde Zustände. Deshalb kommt mir der
Gedanke, dass es dem Nichts nicht langweilig
werden kann. Weil es ja keine Zeit gibt, die
Langeweile hervorrufen könnte.Trotzdem hat dieses
Nichts Etwas hervorgebracht. Zuletzt eine Art von
Bewußtheit. Dieses Bewußtsein wird sich durch
Transformation entweder wieder auflösen, oder den
Kreis durchbrechen und eine neue Welt ins Leben
rufen.

80.

Die unendliche Geschichte. Der alte unendliche
Kampf des Lichts gegen die Dunkelheit, des Etwas
gegen das Nichts, des Bewußtseins, dass von dem
Nichts geschaffen und geboren wurde und dass die
Ewigkeit zur Verfügung hat, um sich zu
transformieren.

81.

Meine Wahrheit ist anders geworden. Morgen ist sie
schon wieder eine andere. Sie war eine andere, als
ich mit diesen Zeilen vor einem guten Jahr begann.
Und sie ist eine andere jetzt. Und sie wird schon bald
wieder eine andere sein.
85 Wege zu einer neuen Welt, war ihr ursprünglicher
Titel. Dann hieß es 1000 Wege zu einer neuen Welt.
Zuletzt hieß es „Die große Transformation".
Sicher zeigt sie meinen Weg zum Wächter und
meinen Weg vom Wächter weg, hin zu mir selbst.
Allein innerhalb dieses Jahres vollzog ich eine große
Transformation.
Entropiestreben ist das Wesensmerkmal unseres
Universums, wie sollte es mit uns anders sein?

82.

Der Wächter ist für mich nicht gestorben. Aber ich
bin skeptisch geworden. Fast denke ich, Jeder ist
sein eigener Wächter. Aber vielleicht kann die Suche
nach dem Wächter und das Finden und Dafürhalten
eines Solchen jemand den Weg weisen, auf dem
Weg zum Ziel, auf dem Weg nach Hause.

83.

Zu Hause dann, machst du es dir bequem. Machst
den Fernseher an und relaxt dich. Oder du gehst
erstmal in die Badewanne. Du entscheidest. Endlich
daheim nach langer, langer Reise.

84.

Erlösung ist eines. Wer stetig strebt und sich
bemüht, den werden wir belohnen. Zum Schluss gibt
es aber kein stetiges Streben und auch die
Belohnung bleibt aus. Tu was, erreiche was, tu
nichts, erreiche alles. Die Überschrift der
Menschheitshymne trägt den Namen: Auf der Suche
nach Erlösung. Und die Überschrift des Universums
heißt: Auf der Suche nach dem höchstmöglichen
Entropiezustand. Vielleicht ist das die Erlösung. Das
Ende des Strebens. Und das wird sicher erreicht,
eines Tages: am jüngsten Tag.

Teil V

Sisiphos und sein letzter Wille

85.

Raus aus dem Zyklus. Es wird erreicht. Eines Tages, eines guten schönen Tages. Bis dahin jedoch steht uns mehr Zeit zur Verfügung als wir auch nur annähernd ertragen könnten.
Also ist es das Beste, sich eine schöne Zeit zu machen; das Lachen nicht zu vergessen und alles zumindest von zwei Seiten zu betrachten.
Das Große hat es so entworfen, damit wir ein wenig drüber rätseln können. Des Rätsels Lösung kommt definitiv, denn die Variable „EWIGKEIT" und die Variable „NICHTS" und die Bewußtheit wurden uns mit auf den Weg gegeben. Und diese Variablen machen alles möglich, was man sich vorstellen kann. Wir kommen an, irgendwann in der Unendlichkeit auf dem Weg zum höchsten Entropiezustand, der möglich ist; das Ziel kommt unabdingbar...und es wird sicher angenehm sein. Es wird der Friede sein nach dem man immer suchte, denke ich. Eine Aufhebung des alten Dualismus.
Aus, raus und Monismus.
Zum Schluss war es eine Matheaufgabe und übrig blieb eine Formel und noch nicht mal die bleibt übrig. Der Traum vom Raus ist in Erfüllung gegangen und so mußt du selbst entscheiden, ob du nun ruhst oder tust.
Ob du wieder machst und die Welt von neuem schaffst oder dich ins Fäustchen lachst.

Damian Berens erzählt in seinem Buch „ Die große Transformation"
von der Suche eines jeden Menschen nach Erlösung und dem
Wunsch endlich nach Hause zu kommen.
Es scheint, als sei es möglich das zu bewerkstelligen. Anscheinend
mit Hilfe des sogenannten „Wächters". Der Wächter, der nicht weiter
bestimmt wird, ist eine Schlüsselfigur des Buches. Ob es sich hierbei
um einen Guru, den Welterlöser oder nur einen weisen Erleuchteten
handelt bleibt offen.
Hoffnung und Vertrauen auf diesen Wächter wandeln sich in Abkehr
und Skepsis. Im dritten Teil des Buches folgen dann mit den
„Astrophysikalischen Chiffren" Überlegungen zum Sein und
Bewußtsein im Rahmen des Universums. Dass der Wächter gut ist,
und hilfreich wird zwar auch dann nicht bezweifelt, aber gegen Ende
kommt Damian Berens zurück zu einer gewissen Autonomie in der
Frage der Erlösung.
Sisiphos erfüllt seinen Plan und zum Schluss entscheidet er selbst,
wie es weiter gehen soll und damit hat er die entscheidende Wahl, die
er sonst niemals hatte.
Es wird ein neuer Sinn gefunden auf dem Weg der Dualität, die nicht
von Dauer sein kann. Die Variablen „Ewigkeit", „Nichts" und
„Bewußtheit" sorgen dafür, dass am Ende, alles das möglich wird,
wovon ein Mensch jemals geträumt hat.

Zum Autor:
Damian Berens, Jahrgang 1974, studierte Philosophie und Geschichte
in Bonn und Stuttgart. Heute arbeitet er als Klavierlehrer in der Region
Bonn. Seine heimliche Leidenschaft gilt der Komposition
neoromantischer Klavierballaden.